Irmela Erckenbrecht

Neue Ideen für die Kräuterspirale

Irmela Erckenbrecht

Neue Ideen für die Kräuterspirale

Themenspiralen • Gestaltungsvorschläge • Variationen
Pflanzenlisten und gestalterische Entwürfe von Rainer Lutter

1000 Dank ...

… all denen, die mit mir entlegene Themengärten aufspürten, neue Spiralenideen besprachen und mir wertvolle Anregungen gaben, vor allem aber Rainer Lutter vom Gartenplanungsbüro *Wild-Wuchs* für die schönen Gartenentwürfe und reichhaltigen Pflanzlisten sowie für die angenehme Zusammenarbeit.

Alle in diesem Buch enthaltenen Ratschläge sind von der Autorin sorgfältig überprüft worden. Dennoch muss jegliche Haftung seitens der Autorin oder des Verlags für Sach- und Personenschäden ausgeschlossen werden.

Inhalt

Guten Tag! ... 8

Bauanleitung für die klassische Kräuterspirale ... 11

Die Mittelmeerspirale ... 17
    Bauen ... 19
    Pflanzen ... 21
    Die Kräuter im Einzelnen ... 22
    • Variationen: Länderspiralen
    (Italien-, Griechenland-, Frankreichspirale) ... 26

Die Heilkräuterspirale ... 28
    Bauen ... 31
    Pflanzen ... 32
    Die Kräuter im Einzelnen ... 34
    Das Sumpfbeet ... 42
    • Variationen: verschiedene Heilkräuterspiralen
    (Frauen-, Hildegard-, Gute-Laune-Spirale) ... 44

Die Küchenkräuterspirale ... 47
    Bauen ... 50
    Pflanzen ... 51
    Die Kräuter im Einzelnen ... 52
    Der Miniteich ... 61
    • Variation: Kräuter zum Trinken (Teespirale) ... 62

Die Blütenspirale ... 64
    Bauen ... 67
    Pflanzen ... 68
    Die Kräuter im Einzelnen ... 69
    Der Miniteich ... 76
    • Variationen: Farbspiralen
    (weiße, blaue, rote/orangefarbene Spirale) ... 76

Inhalt

Die Schmetterlingsspirale 79
   Bauen 83
   Pflanzen 83
   Die Kräuter im Einzelnen 85
   Das Sumpfbeet 91
   • Variationen: Andere Tierspiralen
     (Hummel- und Bienen-, Katzenspirale) 92

Die Duftspirale 94
   Bauen 98
   Pflanzen 98
   Die Kräuter im Einzelnen 99
   Der Miniteich 106
   • Variationen: Spezielle Duftspiralen
     (Gummibärchen-, Tutti-Frutti-Spirale) 107

Die Schattenspirale 109
   Bauen 112
   Pflanzen 113
   Die Pflanzen und Kräuter im Einzelnen 114
   Sumpfbeet oder Feenteich 121

Die Bibelspirale 123
   Bauen 126
   Pflanzen 127
   Die Pflanzen und Kräuter im Einzelnen 128
   Das Sumpfbeet 138

Inhalt

Die Naturschutzspirale 139
   Nisthilfen einbauen 141
   Die Nisthilfen im Einzelnen 142
   Bauen 148
   Pflanzen 149
   Und der Teich? 150

Die Balkonspirale 151
   Bauen 154
   Pflanzen 155
   Die Kräuter im Einzelnen 157
   • Variation: Die Keramik-Kräuterspirale 162

Das LunaSolaris-Beet 164
   Bauen 168
   Pflanzen 169
   Die Kräuter im Einzelnen 171

Die begehbare Spirale 177
   • Variation: Die Fibonacci-Spirale 180

Der Spiralengarten 184

Die Autorin 190

Der Gartenplaner 191

Pflanzenindex 192

Adressen 194

Guten Tag!

Sind Sie von Kräuterspiralen ebenso fasziniert wie ich? Seit dem Erscheinen meiner beiden Bücher »Die Kräuterspirale« und »Wie baue ich eine Kräuterspirale?« hat mich das Thema nicht mehr losgelassen. Die Ideenspirale hat sich weiter gedreht. Dabei sind die schönsten Variationen entstanden, die kennen zu lernen ich Sie mit diesem Buch herzlich einladen möchte.

Tatsächlich muss es längst nicht immer die klassische Kräuterspirale sein. Bepflanzung und Form lassen sich so effektvoll variieren, dass jeweils ganz unterschiedliche Eindrücke entstehen. Die Kräuterspirale wird so zu einem überraschend flexiblen gärtnerischen Gestaltungselement, das sich nicht nur den verschiedensten Standorten anpasst, sondern auch Ihren ganz besonderen Interessen, Bedürfnissen und Vorlieben Ausdruck verleiht.

An erster Stelle wären da natürlich die Themenspiralen zu nennen. Wer dem Fernweh frönen und dem Aroma sonniger Urlaubstage nachhängen will, wird bei der *Mittelmeerspirale* und ihren Variationen, der *Italien-, Frankreich-* oder *Griechenlandspirale*, Erfüllung finden. Geht es Ihnen vor allem darum, Ihre Küche zu bereichern oder Ihre Hausapotheke um natürlich wirksame Naturheilmittel zu erweitern, können Sie sich an die *Küchen-* oder *Heilkräuterspirale* halten. Und auch hier gibt es interessante Variationen: Die *Frauenspirale* mit Heilkräutern, die Frauen besonders gut tun, die *Hildegard-Spirale* mit Heilkräutern, die Hildegard von Bingen empfahl, die *Gute-Laune-Spirale* mit Heilkräutern, die beruhigen, die Nerven stärken und die Stimmung heben, und die *Teespirale* mit Kräutern, die sich zur Teezubereitung eignen.

Wer es vor allem dekorativ mag, schwärmt von der *Blütenspirale*, die entweder das ganze Jahr über kunterbunte Blüten treibt oder sich als *weiße, blaue* oder *orange-rote Spirale* ganz vornehm in ein unifarbenes Blütenkleid hüllt.

Wer schöne Insekten in seinen Garten locken will, baut eine *Schmetterlingsspirale* oder genießt das Gesumme und Gebrumme rund um die *Hummel- und Bienenspirale*. Wer Katzen liebt, tut ihnen etwas ganz

Guten Tag!

---

besonders Gutes, legt eine *Katzenspirale* an und bepflanzt sie mit Kräutern, die Katzen gerne mögen.

Feine Nasen verwöhnt die *Duftspirale* mit köstlichen Aromen. Zwei interessante Variationen laden zum Ausprobieren ein: Die *Gummibärchenspirale* wird vor allem Kinder begeistern, da sie nach allen erdenklichen Süßigkeiten riecht. Die *Tutti-Frutti-Spirale* wiederum erfreut mit so intensiven fruchtigen Düften, dass man meint, direkt in einen gut sortierten Obstladen versetzt worden zu sein.

Nicht alle Gärtnerinnen und Gärtner haben ihrer Kräuterspirale ein warmes, sonniges Plätzchen zu bieten. Das macht aber gar nichts, denn auf der *Schattenspirale* gedeihen imposante Pflanzen, die gerade den Schatten lieben. Und wem es Spaß macht, alte Pflanzen zu sammeln und die Welt der Bibel gärtnerisch anschaulich zu machen, schafft sich mit der *Bibelspirale* ein ganz besonderes Juwel. Natürlich eignet es sich nicht nur für private Gärten, sondern vor allem auch für konfessionelle Kindergärten, Schulklassen und Konfirmationsgruppen, kirchliche Freizeitheime, Pfarrgärten und Kirchengemeinden.

Selten gewordenen Tieren im Nutzgarten neue Lebensräume zu schenken ist das Ziel der *Naturschutzspirale*, dem idealen Projekt für Gruppen, Schulklassen und Kindergärten. Verschiedenste Nisthilfen, die in die Spiralenmauer integriert werden, sorgen für ein reges Innenleben und geben Gelegenheit zu den vielfältigsten Naturbeobachtungen.

Aber auch für alle Leserinnen und Leser ohne eigenen Garten gibt es eine schöne Spiralenidee: die *Balkonspirale*, die sich aus dekorativen Kübelpflanzen auf der Terrasse, auf dem Dachgarten oder eben auf dem Balkon zusammenstellen lässt. Eine besonders interessante Variation ist hier die von Keramikmeisterin Anke Utecht gestaltete, ästhetisch sehr ansprechende *Keramik-Spirale*, für die man sich bei ihr einen den individuellen Wünschen angepassten Bausatz im Stecksystem bestellen kann.

Das von Rainer Lutter ersonnene *LunaSolaris-Beet* interpretiert die Grundform sehr frei und greift auf ein ebenfalls uraltes Symbol zurück: das Zeichen von Yin und Yang. Sonnen- und Mondgewächse halten sich hier das Gleichgewicht und lassen viel Raum für die Beschäftigung mit der mythologischen Bedeutung verschiedener Pflanzen.

Guten Tag!

Begehbare Spiralen machen sich überall dort gut, wo viel Platz vorhanden ist und die ganze Kräutervielfalt angepflanzt werden soll. Orientieren Sie sich an bereits bestehenden großen Spiralen oder entscheiden Sie sich für die zauberhafte, in Anlehnung an den großen italienischen Mathematiker des Mittelalters entworfene *Fibonacci-Spirale*. Durch das Beschreiten der spiralförmigen Wege wird die Form in jedem Fall viel intensiver erlebbar.

In besonders ausdrucksvoller Art und Weise schließlich wird dieses Erlebnis im *Spiralengarten* möglich. Die Spirale zum grundlegenden Gestaltungselement erhebend, hat Rainer Lutter hier für Sie einen besonders ansprechenden Gartenentwurf gezeichnet.

Lassen Sie sich von all diesen Ideen zu neuen Spiralenfreuden inspirieren. Es wird Ihren Garten – und ganz gewiss auch Sie! – reicher machen.

Das jedenfalls wünscht Ihnen
Ihre

Irmela Erckenbrecht

Bauanleitung für die klassische Kräuterspirale

In meinen Büchern »Die Kräuterspirale« und »Wie baue ich eine Kräuterspirale?« habe ich die klassische Kräuterspirale in aller Ausführlichkeit besprochen. In diesem Buch möchte ich die Idee der Kräuterspirale weiterentwickeln, eine ganze Reihe neuer Variationen vorstellen und die verschiedensten Themenspiralen zur Nachahmung empfehlen. Um dafür eine praktische Grundlage zu schaffen, möchte ich die Bauanleitung für die klassische Kräuterspirale noch einmal kurz wiedergeben.

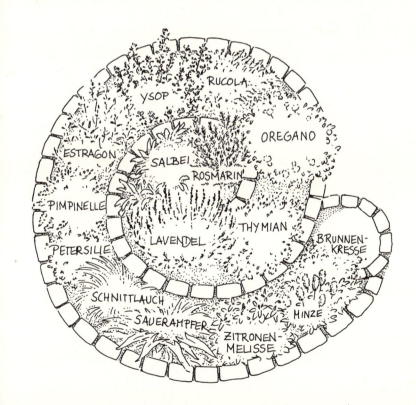

Der **Bau der klassischen Kräuterspirale** erfolgt in vier Einzelschritten:
1. Übertragung des Grundrisses auf den Gartenboden
2. Anlegen der Drainageschicht
3. Abkippen des Schuttkerns
4. Aufschichten der Trockenmauer

Erster Schritt: Übertragung des Grundrisses auf den Gartenboden
Mit einem aus zwei Stöcken und einem Bindfaden selbst gebauten Zirkel zeichnen Sie den gewünschten Radius in den Gartenboden und streuen mit hellem Sand oder Mehl nach. Anschließend markieren Sie mit einem Stock die Nord-Süd-Achse, einen kleinen Kreis für den Miniteich und den Grundriss der Spirale. Zu bedenken ist dabei, dass der Abstand zwischen den späteren Mauern nicht zu schmal werden darf. Sechzig Zentimeter Breite sollte die Pflanzfläche mindestens haben.

Streuen Sie auch diese Linien mit hellem Sand oder Mehl nach und korrigieren Sie, bis Sie die Form haben, die Ihnen gefällt.

Zweiter Schritt:
Anlegen der Drainageschicht
Heben Sie den Boden unter der Spirale für die Drainage einen Spatenstich tief aus und füllen Sie ihn anschließend mit wasserdurchlässigem Kies oder Schotter wieder auf. Ausgenommen von dieser Maßnahme ist der am Miniteich gelegene nährstoffreiche Bereich

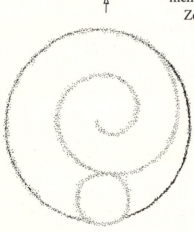

Zeichnen Sie den Grundriss Ihrer Spirale ein und streuen Sie mit hellem Sand nach

Bauanleitung für die klassische Kräuterspirale

für heimische Kräuterpflanzen, der ohne Drainage bleibt (in der Zeichnung unten ist dies der schraffierte Bereich).

Zuletzt wird noch das Loch für die Wasserstelle oder den Miniteich ausgehoben. Wollen Sie einen Kübel oder eine Wanne eingraben, sollte das Loch so tief sein, dass der Behälter gerade darin verschwindet. Haben Sie sich für eine Teichfolie entschieden, graben Sie etwa vierzig Zentimeter tief.

Gegen Winde, Quecke und Giersch können Sie jetzt ein spezielles Gartenvlies über die gesamte Grundfläche der Spirale breiten. Das Vlies ist wasserdurchlässig, lässt aber keine Wurzelunkräuter nach oben durchwachsen.

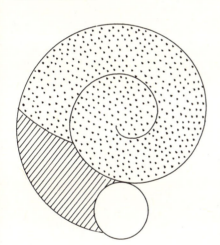

Für die Drainage wird der Boden im gepunkteten Bereich einen Spatenstich tief ausgehoben und mit Kies oder Schotter gefüllt

Dritter Schritt: Abkippen des Schuttkerns

Kippen Sie kalkhaltigen Bauschutt mit Hilfe einer Schubkarre in der Mitte der Spirale so ab, dass ein spitzer Kegel entsteht. An der höchsten Stelle sollte dieser Kegel sechzig bis siebzig Zentimeter hoch sein. Damit der Kegel später nicht absackt, sollten Sie ihn verdichten. Zerkleinern Sie größere Brocken, füllen Sie Zwischenräume mit Schotter auf und rücken Sie dem Kegel mit einem großen Vorschlaghammer zu Leibe, bis Sie das Gefühl haben, eine relativ große Dichte erreicht zu haben. Ganz dicht sollte er nicht sein, denn das Wasser sollte noch abfließen

Bauanleitung für die klassische Kräuterspirale

können, und in kleinen Hohlräumen soll Platz für Kleinstlebewesen bleiben.

Statt Bauschutt können Sie auch Kalkschotter verwenden.

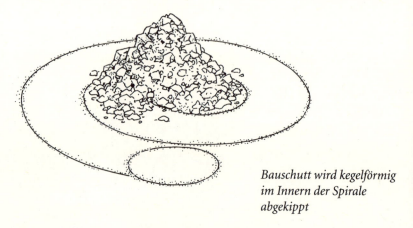

Bauschutt wird kegelförmig im Innern der Spirale abgekippt

Vierter Schritt: Aufschichten der Trockenmauer
Drücken Sie vom Miniteich ausgehend die erste Lage Steine in den Boden. Wählen Sie dafür die größten (nach Möglichkeit nicht weniger als zwanzig Zentimeter breiten und tiefen) Steine aus, damit Sie später für den oberen Teil die kleineren Steine verwenden können. Das ist nicht nur aus Gründen der Stabilität sinnvoll; es würden sonst im inneren, stark gekrümmten Teil der Mauer zu große Ritzen entstehen.

Ausgehend von der ersten Lage werden die Steine nun weiter aufgeschichtet. Aus Gründen der Stabilität sollte sich die Mauer leicht nach innen neigen.

Die innere Mauer wird im sichtbaren Bereich auf den Bauschutt aufgesetzt

Bauanleitung für die klassische Kräuterspirale

Alle zwei bis drei Reihen füllen Sie die Spirale von innen her mit Erde, Sand und Kompost auf, damit die innere Mauerkrümmung nachgearbeitet werden kann. Nur bei sehr regelmäßigen Steinen, die trotz Neigung eine stabile Mauer ergeben, können Sie die Mauer erst ganz fertig stellen und dann mit dem Auffüllen beginnen.

Mauern Sie innen nur im auch später noch sichtbaren Bereich und setzen Sie die oberen Steine peu à peu so auf den Bauschutt auf, dass sie stabil zu stehen kommen. Dazu können Sie jeweils ein paar größere Schuttbrocken zur Hilfe nehmen und entsprechend verkeilen.

In der Querschnittzeichnung sehen Sie die fertige Befüllung der klassischen Kräuterspirale.

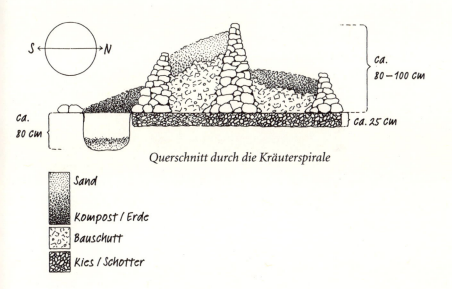

Querschnitt durch die Kräuterspirale

- Sand
- Kompost / Erde
- Bauschutt
- Kies / Schotter

Fünfter Schritt: Bepflanzen

Ganz am Schluss steht natürlich die Bepflanzung. Für die klassische Kräuterspirale ist eine feste Abfolge mediterraner und einheimischer Pflanzen bis hin zur Brunnenkresse im kleinen Teich vorgesehen (siehe Seite 11). In den ausführlichen Beschreibungen der in diesem Buch vorgestellten Themenspiralen finden Sie hierzu reizvolle Alternativen.

Lassen Sie die verschiedenen Bepflanzungsmöglichkeiten auf sich wirken und überlegen Sie, was zu Ihnen und zu Ihrem Garten am besten passt.

Wir beginnen unseren Themenreigen mit den Pflanzen des Mittelmeerraums.

Die Mittelmeerspirale

Kräuter und das Mittelmeer – bei wem rufen diese Worte nicht sofort angenehme Gefühle hervor?

Ein Osterspaziergang auf Kreta über mit Salbei und Oregano bewachsene, duftende Hänge. Die mannshohe Rosmarinhecke vor dem Ferienhaus auf Korsika, die nach einem kräftigen Regenguss ein unvergleichliches Aroma verströmt. Und die unendlichen, tiefvioletten Lavendelfelder, die bei einer Fahrt durch die Provence an mir vorüberziehen … Das sind die Bilder, die sofort und ohne jede Mühe vor meinem geistigen Auge entstehen.

Und dann natürlich die kulinarischen Genüsse: Dicke, sonnengereifte Tomaten, frisch aus der Pfanne mit Olivenöl und Kräutern der Provence. Aufgefächerte Auberginen vom Grill mit feinem Lavendelgeschmack. Und hausgemachte Gnocchi mit nichts weiter als Butter, Knoblauch und frischem Salbei … Urlaubserinnerungen wie diese lässt man sich nur allzu gern auf der Zunge zergehen!

Hätten Sie nicht auch Lust, sich ein Stück mediterranen Lebensstil in den heimischen Garten zu holen?

Die Psychologie rät uns ja ohnehin, nicht fünfzig Wochen im Jahr durch den hektischen Alltag zu hetzen, um dann endlich zwei Wochen lang auf dem Strandlaken abzuhängen. Viel gesünder ist es, sich den Urlaub häppchenweise in den Alltag zu holen, kleine Oasen zu schaffen, in denen man immer wieder ein Stück weit zur Ruhe kommen und sich regenerieren kann. Solch eine kleine Oase könnte Ihre Mittelmeerspirale sein!

Auf ihren »Hängen« wächst, blüht und duftet alles, was in der Kräuterwelt des Mittelmeerraumes Rang und Namen hat: Lavendel, Ysop, Rosmarin, Thymian, Salbei ...

All diesen Kräutern kommt die Spiralform sehr entgegen. Sie lieben die der Sonne zugewandte Hanglage, auf der es auch in nördlicheren Breiten wegen des natürlichen Wasserabflusses nicht zu Staunässe kommen kann. Ein magerer, kalkreicher Boden, am besten in Form reinen Kalkschotters ohne jegliche Erde, kommt ihren Nährstoffbedürfnissen ideal entgegen – beste Voraussetzungen, um sich in Ihrem Garten ganz wie zu Hause am warmen Mittelmeer zu fühlen.

Für die optimalen Standortbedingungen bedanken sich die Mittelmeerkräuter mit üppigem Wachstum, feinstem Aroma und herrlichen, von nützlichen Insekten eifrig umsummten Blüten.

Vergessen Sie nicht, sich in der Nähe Ihrer Mittelmeerspirale einen schönen Sitzplatz – eine Bank, eine Hängeschaukel, einen schön geformten Baumstumpf – einzurichten, damit Sie diesen harmonischen Eindruck in aller Ruhe auf sich wirken lassen können.

Denn nicht nur auf die Kräuter, auch auf den Menschen wirkt die Spiralform wohltuend. Viele von uns schauen tagsüber in einen viereckigen Kasten (den Computer), um ihn abends gegen einen anderen viereckigen Kasten (Fernseher) einzutauschen. Da kann es leicht geschehen, dass irgendwann einmal auch die Gedanken anfangen, viereckig zu werden. Das Gärtnern im Kreis schafft hier einen segensreichen Ausgleich. Die Mittelmeerspirale ist eine runde Sache. Lassen Sie Ihre Gedanken von ihr in harmonische Bahnen lenken. Schnuppern Sie morgens und abends, in der Mittagshitze eines schönen Sommertages oder nach einem frischen Regenguss an den wohltuenden ätherischen Ölen. Ernten Sie die Kräutergaben für mediterrane Küchengenüsse. Frönen Sie dem wohligen Fernweh und schwelgen Sie in schönen Urlaubserinnerungen.

Steckbrief: **Mittelmeerspirale**
Standort: vollsonnig
Substrat: Kalkschotter mit Nullanteilen
Bepflanzung: mediterrane Halbsträucher

Pflanze	Botanischer Name	Spiralen-Standort	Besonderheiten
Bergbohnenkraut	*Satureja montana*	5	
Griechischer Bergtee	*Sideritis syriaca*	4	Winterschutz
Lavendel	*Lavandula angustifolia*	1	
Rosmarin	*Rosmarinus officinalis*	1	Winterschutz
Salbei	*Salvia officinalis*	2	
Thymian	*Thymus vulgaris*	4	verschiedene Sorten
Ysop	*Hyssopus officinalis*	3	

Bauen

Damit die Mittelmeerspirale auch in Ihrem Garten ihren südlichen Charme voll entfalten kann, sollten Sie sich für die klassische Spiralform entscheiden. Die durchgehende Hanglage kommt den Standortbedürfnissen mediterraner Kräuter ideal entgegen.

Wegen der guten Drainagewirkung des Kalkschotters wird die Kiesschicht unter der Kräuterspirale nicht benötigt.

Aus dem gleichen Grund braucht man auch den Bauschuttkegel nicht. Haben Sie kalkhaltigen Bauschutt übrig, den Sie loswerden wollen, ist es aber durchaus sinnvoll, ihn in die Spirale einzubauen, zumal dies beim Kalkschotter an der Menge spart. (Achten Sie nur darauf, dass der Bauschutt nicht schadstoffbelastet ist.)

Die ersten Arbeitsschritte sind identisch mit dem Bau der klassischen Spirale (siehe Seiten 11 bis 16). Legen Sie aber dann das Gartenvlies gegen Unkräuter direkt auf den Gartenboden und beschweren Sie es mit der ersten Lage Steine. Nun wird immer abwechselnd eine Ladung Schotter verfüllt und an der Mauer gebaut. Die nach innen gehenden Steine der gekrümmten Mauer kommen dabei stückweise auf dem Schotter zu liegen. Dieser darf nicht zu sehr verdichtet werden, da die Pflanzen sonst nicht mehr auf ihm wachsen können.

Verwenden sollten Sie Kalkschotter mit Nullanteilen, also mit ganz feinen Elementen (null bis elf Millimeter). Die Nullanteile sind wichtig, damit die Wurzeln der Pflanzen Halt finden und auch eine gewisse Wasserhaltefähigkeit gegeben ist.

Beziehen können Sie den Kalkschotter in Kalksteinbrüchen oder über Garten- und Landschaftsbaubetriebe. (Suchen Sie im Branchenverzeichnis nach einem Betrieb in Ihrer Nähe.) Auch Bautransportunternehmen können häufig weiterhelfen, da Kalkschotter z. B. für den Straßenbau verwendet wird. Die schweißtreibende Variante besteht darin, sich das Material mit einem Hänger selbst abzuholen, die bequemere Alternative darin, sich den Schotter anliefern zu lassen. Die benötigte Menge beträgt etwa zwei Tonnen.

Am Ende der Bauphase haben Sie dann eine Steinspirale mit einheitlicher Befüllung.

Statt des Miniteiches legen Sie am Fuße Ihrer Spirale zu guter Letzt noch eine Sandkuhle an. Heben Sie dazu den Boden auf einer kreisrunden Fläche etwa spatentief aus und füllen Sie das Loch locker mit hellem Sand.

Damit ist der Rohbau Ihrer Mittelmeerspirale fertig. Ehe es an die mediterrane Bepflanzung geht, haben Sie sich eine ausgiebige Siesta verdient!

Pflanzen

Pflanzschema:

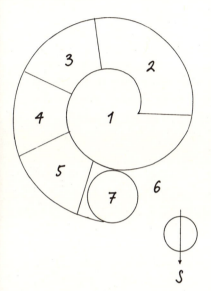

1 – Rosmarin, Lavendel
2 – Salbei
3 – Ysop
4 – Griechischer Bergtee, Thymian
5 – Bergbohnenkraut
6 – keine Bepflanzung außerhalb der Spirale notwendig
7 – Sandkuhle

Besorgen Sie sich kräftige, gesunde Pflanzen, am besten aus biologischem Anbau. Stellen Sie die Pflanzen zunächst noch mit den Töpfen auf ihre vorgesehenen Plätze auf der Spirale. So können Sie die einzelnen Standorte und die Abstände noch einmal überprüfen.

Für die Mittelmeerspirale werden nicht mehr als sieben Kräuter empfohlen, da die mediterranen Halbsträucher alle bis zu einem Meter hoch und breit werden können und gerade dann besonders schön wirken, wenn sie in der Entwicklung ihrer natürlichen Form nicht behindert werden. Ihre frisch bepflanzte Kräuterspirale mag Ihnen in den ersten Wochen noch ein wenig nackt erscheinen, aber das wird sich rasch ändern. Mit der sparsamen Bepflanzung sichern Sie den Spiralenbewohnern ausreichend Bewegungsfreiheit und eine lange Lebenszeit.

Graben Sie nun mit einer kleinen Schaufel jeweils ein Loch in den Schotter, betten Sie den Wurzelballen mit der Erde hinein und füllen

Sie das Loch wieder auf. Als Starthilfe können Sie etwas sterilen Kompost oder Pflanzenerde ins Pflanzloch geben. Drücken Sie Wurzelballen und Schotter vorsichtig mit den Händen fest. Die Erde sollte gerade nicht mehr zu sehen sein, die Pflanzen sollten aber am Ende nicht tiefer im Schotter stehen als vorher in ihrem Topf. Zum Schluss gießen Sie vorsichtig mit reichlich Wasser an und sorgen auch in den nächsten Wochen für eine ausreichende Bewässerung.

Die Kräuter im Einzelnen

Rosmarin

Rosmarinus officinalis wächst wild am Mittelmeer in Spanien, Frankreich, Italien und Griechenland, aber auch an den Küsten des Schwarzen Meeres. Er ist ein immergrüner Halbstrauch und gehört zur Familie der Lippenblütler *(Labiatae)*. Die würzigen Blätter sind nadelförmig und haben oben eine blau- bis dunkelgrüne, unten eine weißgraue bis silbrig graue Farbe. Von März bis Mai trägt der Rosmarin kleine, blassblaue bis hellviolette, seltener auch weiße Blüten.

Als äußerst kälteempfindliches Kind des Südens bekommt er auf der Kräuterspirale den höchsten Platz, den oberen Teil der wärmespeichernden Trockenmauer im Rücken, die letzten Ausläufer der gewendelten Steine als Schutz gegen den Ostwind zur Seite. In dieses wärmende Nest gebettet, kann er kräftig wachsen und sein würziges Aroma optimal entfalten. Sobald Herbstfröste zu befürchten sind, braucht der Rosmarin einen dicken Wintermantel aus Laub und/oder Tannenzweigen. Inzwischen gibt es auch winterharte Sorten zu kaufen. Lassen Sie sich in der Kräutergärtnerei beraten.

In der Mittelmeerküche spielt der Rosmarin eine zentrale Rolle. Aus der klassischen Gewürzmischung *Herbes de Provençe* ist er nicht wegzudenken.

Lavendel

Lavandula angustifolia ist an den Küstengebieten des Mittelmeeres beheimatet, heute aber über ganz Südeuropa verbreitet. Der mehrjährige, winterharte Halbstrauch verholzt in der Mitte und treibt lange Stiele mit dünnen, glatten, spitzen Blättern. An den Spitzen der Stängel wachsen im Juli bis August lilafarbene, ährenartig übereinander angeordnete Blüten, die den intensiven Duft verströmen. Der Lavendel braucht einen vollsonnigen Platz und trockenen, kalkhaltigen Boden. In der oberen Region der Mittelmeerspirale fühlt er sich daher wie zu Hause.

Die leicht bitteren, würzigen Blätter sind eine tragende Säule der berühmten Kräuter der Provence und als Alleingewürz in der spanischen, italienischen, französischen und vor allem auch in der korsischen Küche sehr beliebt. Wegen ihrer starken Würzkraft sollte man bei den Mengen vorsichtig sein. Auch die Blüten sind essbar und bereichern viele Speisen nicht nur auf wohlschmeckende, sondern auch auf äußerst dekorative Weise.

Salbei

Salvia officinalis begegnet man wild in Südfrankreich, Italien, Griechenland, Dalmatien und Mazedonien. Der stark verzweigte, graugrün- bis silbergraublättrige Halbstrauch hat vierkantige Stängel, die unten verholzen. Die dicken, filzig behaarten Blätter zeigen auf der Oberfläche ein wabenartiges Muster. Inzwischen gibt es immer mehr neue Arten und Sorten mit bunten (z. B. dunkelroten) Blättern und kräftigen Blütenfarben.

Am meisten Wirkstoff und Aroma haben die jungen Blätter und Triebspitzen. Getrockneter Salbei schmeckt strenger und »medizinischer« als die frischen Blätter. Für die Hausapotheke ist er gut geeignet, zum Kochen jedoch sollten Sie stets nur frischen Salbei verwenden.

Wegen des sehr intensiven Geschmacks kommt Salbei als Mitgewürz sparsam und als Hauptgewürz ohne Begleiter zum Einsatz. Wie in der mediterranen Berglandschaft kann der Salbei auch in der Küche für sich alleine stehen.

Ysop

Hyssopus officinalis, im deutschen Sprachraum wegen seiner Verwendung als Essigwürze auch »Essigkraut« genannt, wächst im Mittelmeerraum sowie in Südwest- und Zentralasien wild an warmen, trockenen, felsigen Hängen. An den holzigen, vierkantigen, im unteren Bereich verholzten Stängeln dieses immergrünen, verzweigten Halbstrauchs sitzen schmale, glänzende, dunkelgrüne Blätter. Von Juli bis September sprießen in den Achseln der Blätter rosa, blaue oder weiße Blüten – dem eifrigen Gesumme nach zu urteilen ein wahrer Festschmaus für die Bienen!

Die jungen Blätter können ständig geerntet werden. Sie schmecken minzeartig und leicht bitter. Auch die Blüten sind essbar und schmücken Fruchtsalate und Beerenbowlen.

Griechischer Bergtee

Beim Griechischen Bergtee ist der Name Programm! Er wächst im Mittelmeerraum in mindestens achtzig verschiedenen Sorten wild auf Bergen und Hängen. Der etwa ein Meter hohe Halbstrauch hat graue, filzig behaarte Blätter ähnlich dem Salbei und gelbe Blüten. Die ausschließlich in Griechenland vorkommende Pflanze heißt botanisch *Sideritis clandestina* und ist inzwischen selten geworden. Aus diesem Grund ist das Pflücken vielerorts verboten. Mittlerweile werden andere Sideritis-Arten kultiviert, z. B. die in Kräutergärtnereien erhältliche *Sideritis syriaca*. Blätter und Stängel, vor allem aber die Blüten sind stark aromatisch und reich an ätherischen Ölen. Frisch oder getrocknet bilden sie die Grundlage für einen leckeren, äußerst wohltuenden Tee. Mit einem Griechischen Bergtee im Garten haben Sie immer das passende Getränk parat, heiß aufgebrüht mit Honig und Zimt im Winter, gut abgekühlt und mit Zitronenscheiben und frischen Blättchen garniert an heißen Sommertagen.

Thymian

Der niedrig wachsende, oft geradezu kriechende *Thymus vulgaris* überzieht in den Mittelmeerländern ganze Hügelketten mit seinem einzigartigen Duft. Der stark ästige Halbstrauch trägt an den verholzten Stängeln kleine, würzige Blätter. Von Mai bis Oktober zieht er mit seinen rosaroten bis dunkelvioletten Blüten Bienen an und spendet einen köstlich würzigen Honig.

Die Mittelmeerspirale

Bei der Platzierung auf der Spirale sollten Sie darauf achten, dass das kleinwüchsige Kraut nicht von raumgreifenden Nachbarn überschattet und in seinem Wuchs behindert wird. Am äußeren Rand, wo er nach außen über die Steine wachsen kann, fühlt sich der Thymian am wohlsten.

Bergbohnenkraut

Satureja montana ist ein mehrjähriges Bohnenkraut, das sich in den unteren Regionen der Kräuterspirale so richtig nach Herzenslust entfalten kann. Schon der Name zeigt, dass es sich um ein beliebtes Beikraut zu Hülsenfrüchten handelt, ursprünglich sicher zu den schwer verdaulichen Saubohnen. Die würzig pfeffrigen Blätter schmecken aber nicht nur zu Bohnengerichten, sondern z. B. auch zu vielen milden und scharfen Käsesorten, und harmonieren sehr gut mit Ysop und Thymian.

Vielleicht entscheiden Sie sich aber auch für das Zitronenbergbohnenkraut (*Satureja montana ssp. citriodora*), eine neuere Varietät, bei der das typische Bohnenkrautaroma etwas in den Hintergrund tritt und vom warmen Zitronenaroma überdeckt wird. Auf diese Weise erinnert Sie Ihre Spirale ständig an »das Land, wo die Zitronen blühen«.

Die Sandkuhle

Im heißen, trockenen Mittelmeerklima sind Sumpf- und Wasserpflanzen eher untypisch. Nutzen Sie die am Fuß der Spirale sonst für den Miniteich vorgesehene Fläche lieber für eine kleine, runde Sandkuhle, die an den Mittelmeerstrand erinnern mag. Dekorieren Sie sie ebenso wie den Rest der Spirale ganz nach Ihrem persönlichen Geschmack mit natürlichen Reisemitbringseln wie trockenen Piniennadeln, Pinienzapfen, Eukalyptuskapseln und schönen Muscheln, vor allem in Schneckenform. Legen Sie eine große »Hörmuschel« in den Sand am Fuß der Spirale. Dann brauchen Sie sie nur noch ab und zu ans Ohr zu halten, und schon hören Sie das Rauschen des Mittelmeers …

Die Mittelmeerspirale

  Variationen: Länderspiralen
Wenn Sie sich einem bestimmten Mittelmeerland ganz besonders verschrieben haben, können Sie Ihre Pflanzenauswahl natürlich auch ländertypisch ausrichten. Hier z. B. je eine Spirale für Italien-, Griechenland- oder Frankreichfans.

Die Italienspirale

Pflanze	Botanischer Name	Spiralen-Standort	Besonderheiten
Basilikum	*Ocimum basilicum*	1	Kübel
Buschoregano	*Origanum vulgare 'Compactum'*	4	
Ligurischer Duftthymian	*Thymus vulgaris ssp.*	3	
Mehrjährige Rucola	*Rucola sylvatica*	5, 6	
Kriechender Rosmarin	*Rosmarinus officinalis 'Prostatus'*	1, 2	
Zitronenbergbohnenkraut	*Satureja montana ssp. citriodora*	5	

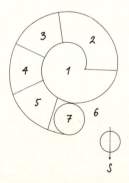

Die Griechenlandspirale

Pflanze	Botanischer Name	Spiralen-Standort	Besonderheiten
Griechischer Bergtee	*Sideritis syriaca*	4	
Kretamajoran	*Origanum dictamnus*	2	
Rosmarin	*Rosmarinus officinalis*	1	
Salbei	*Salvia officinalis*	2	
Griechischer Oregano	*Origanum vulgare ssp. viride*	5	
Ysop	*Hysoppus officinalis*	3	
Zitronenthymian	*Thymus citriodorus*	4	

Die Frankreichspirale

Pflanze	Botanischer Name	Spiralen-Standort	Besonderheiten
Bergbohnenkraut	*Satureja montana*	5	
Estragon	*Artemisia dracunculus*	6	
Französischer Majoran	*Origanum onites*	4	
Provencelavendel	*Lavandula x intermedia*	1	
Rosmarin	*Rosmarinus officinalis*	1	
Salbei	*Salvia officinalis*	2, 3	
Zitronenverbene	*Aloysia triphylla*	6	Topf

Die Heilkräuterspirale

Heilende Kräuter, die wild auf unseren Wiesen und Feldern wachsen, sind ein wahrer Schatz, den es auf ausgedehnten Spaziergängen immer wieder neu zu entdecken gilt. Ob mit dem Bestimmungsbuch in der Hand oder im Rahmen einer fachkundig geführten Kräuterwanderung – manches, was auf den ersten Blick unscheinbar wirkt oder einfach nur hübsch anzuschauen ist, erweist sich bei näherem Hinsehen als heilkräftiges Wunder, und wir staunen, wie reichhaltig die Apotheke der Natur allein in unserer Umgebung ausgestattet ist.

Von jeher haben sich Menschen die Heilkraft wilder Pflanzen zunutze gemacht. Das Wissen wurde von einer Generation zur nächsten weitergegeben. Uralte Überlieferungen, Mythen und Sagen ranken sich um die Heilkräuter, deren Namen oft schon ganze Geschichten erzählen.

So verweist z. B. die lateinische Bezeichnung der Schafgarbe (*Achillea millefolium*), einer der ältesten Heilpflanzen der Welt, auf Achilles, den berühmten Helden der griechischen Sage. Ein Pfeil verwundete ihn

Die Heilkräuterspirale

im Kampf um Troja an der Ferse – bis heute sprechen wir von dieser Stelle als Achillessehne. Aphrodite empfahl ihm, die Verletzung mit Schafgarbe-Kompressen zu heilen, und wer weiß, vielleicht hätte er dies auch ohne ihren Rat getan, denn der Sage zufolge hatte der Zentaur Chiron ihn in die Heilkräuterkunde eingeweiht. In jedem Fall enthält die Sage das berühmte Körnchen Wahrheit, denn sowohl vor als auch nach dem Krieg um Troja haben Generationen von Menschen ihre Wunden mit Schafgarbe geheilt. »Blutstillkraut«, »Soldatenkraut« oder »Wundkraut« lauten denn auch die volkstümlichen Namen der Schafgarbe. Bis heute wird sie bei zu starken Monatsblutungen, aber auch zum Stillen von Nasenbluten eingesetzt. Der Name »Schafgarbe« soll auf Hirten zurückgehen, die beobachteten, dass kranke Schafe auffällig viel Schafgarbe essen und sich damit offenbar selbst zu heilen scheinen. Wörtlich heißt die Schafgarbe »Schaf-Gesundmacher« (*Garwe* = althochdeutsch für »Gesundmacher«).

Viele unserer heimischen Heilpflanzen stehen auch in einer engen Verbindung zu Ritualen und Festen im Kreislauf des Jahres. Johanniskraut z. B. gilt als besonders heilkräftig, wenn es an seinem Namenstag, also zu Johanni (am 24. Juni) gesammelt wird. Beim zeitlich nahen Sonnenwendfest spielte es eine wichtige Rolle. Die Germanen schmückten ihre Altäre mit Johanniskraut. Kränze aus Johanniskraut auf Dächern und an Stalltüren sollten vor allem Bösen schützen, und beim Tanz ums Sonnwendfeuer trug man Kränze aus blühendem Johanniskraut.

Damit Sie die Schönheit und Heilkraft vieler Pflanzen aus unserer unmittelbaren Umgebung wiederentdecken können, haben wir für die hier vorgestellte Spirale nur Kräuter ausgesucht, die auch wild an heimischen Standorten wachsen. Alle diese Pflanzen können Sie deshalb auch in der freien Natur finden und manche auch dort sammeln. Andere stehen unter Naturschutz, weil sie schon so selten geworden sind, dass die letzten Bestände bedroht wären, wenn man ihre Blätter und Blüten ernten oder ihre Wurzeln ausgraben würde. Manche haben auch Doppelgänger, sind für Laien nicht zweifelsfrei zu erkennen und sollten daher besser nicht gesammelt werden.

Die Heilkräuterspirale im eigenen Garten bietet eine ideale Möglichkeit, wieder eine tiefere Beziehung zu den alten Heilpflanzen zu gewinnen.

Die Heilkräuterspirale

Den Pflanzen wiederum kommt die Spiralform mit ihren unterschiedlichen Standortangeboten sehr entgegen. Vom kargen Gipfel an der Spitze der Spirale, auf dem sich Bergwohlverleih (Arnika) wunderbar heimisch fühlt, bis zum immerfeuchten Sumpf am Fuß der Spirale, wo Fieberklee und Sumpfbaldrian im Wasser dümpeln, bietet sie ideale Bedingungen für ein üppiges, gesundes Wachstum vieler heimischer Heilpflanzen.

Steckbrief: **Heilkräuterspirale**
Standort: sonnig bis halbschattig
Substrat: von Gartenboden bis Schotter
Bepflanzung: heimische Heilkräuter

Pflanze	Botanischer Name	Spiralen-Standort	Besonderheiten
Arnika	*Arnica montana*	1	
Beifuß	*Artemisia vulgaris*	4	braucht Platz
Blutwurz	*Potentilla erecta*	2	
Fenchel	*Foeniculum vulgare*	5	Winterschutz
Fieberklee	*Menyanthes trifoliata*	7	schwach giftig
Frauenmantel	*Alchemilla vulgaris*	5	
Gundermann	*Glechoma hederacea*	6	Ausläufer treibend
Johanniskraut	*Hypericum perforatum*	2	
Ringelblume	*Calendula officinalis*	3	einjährig
Schafgarbe	*Achillea millefolium*	1	
Schlüsselblume	*Primula veris*	3	
Spitzwegerich	*Plantago lanceolata*	5	
Sumpfbaldrian	*Valeriana dioica*	7	
Tausendgüldenkraut	*Centaurium minus*	3	einjährig

Die Heilkräuterspirale

Ganz egal, ob Sie sich vornehmlich an der Schönheit dieser reizvollen Pflanzengemeinschaft erfreuen oder tatsächlich die eine oder andere selbst zubereitete Teemischung, Tinktur oder Heilsalbe ausprobieren wollen – beim Gärtnern auf der Heilkräuterspirale erwerben Sie neues Wissen und ein neues Gespür für uralte Heilpflanzen, die seit alters her für die Menschen in unserer Kultur bedeutsam sind.

> Zur Verwendung der Heilkräuter lassen Sie sich bitte kompetent beraten. Bedenken Sie dabei bitte: »Die Dosis macht das Gift.« Denn die wertvollen, heilkräftigen Pflanzen können auch schädliche Nebenwirkungen haben, wenn sie hochdosiert verwendet werden.

Bauen

Für die Heilkräuterspirale lässt sich sehr gut die klassische Spiralform verwenden (siehe Seite 11). Die verschiedenen Standortbedingungen kommen den ausgewählten Pflanzen entgegen.

Wegen der guten Drainagewirkung des Kalkschotters im oberen Bereich der Heilkräuterspirale wird die Kiesschicht unter der Kräuterspirale nicht benötigt.

Auch der Bauschuttkegel ist nicht zwingend notwendig, kann aber, wenn kalkhaltiger Bauschutt vorhanden ist, auch eingebaut werden, zumal man dann weniger Kalkschotter braucht.

Nachdem Sie das Gartenvlies gegen Unkräuter direkt auf dem Gartenboden ausgebreitet haben, beschweren Sie es mit der ersten Lage Steine. Bauen Sie dann immer abwechselnd ein Stück an der Mauer und an der Füllung, für die Sie von innen her Schotter und Erde nachfüllen. Der innere Kern der Spirale kann ganz aus Schotter bestehen, sodass die nach innen gehenden Steine der gekrümmten Mauer darauf stabil zu liegen kommen. Erst nach unten hin und außerhalb der inneren Spiralendrehung wird dem Schotter immer mehr Gartenerde beigemischt. Im untersten Bereich besteht die Füllung dann nur noch aus Erde.

Wie schon bei der Mittelmeerspirale sollten Sie für Kräuterspiralen stets Kalkschotter mit Nullanteilen, also mit ganz feinen Elementen (null bis elf Millimeter) verwenden. Die Nullanteile geben den Wurzeln der Pflanzen Halt und sorgen für eine gewisse Wasserhaltefähigkeit.

Im Kapitel zur Mittelmeerspirale finden Sie auch Hinweise, wo Sie solchen Kalkschotter beziehen können (siehe Seite 20).

Die Füllung der fertigen, aber noch unbepflanzten Heilkräuterspirale sieht oben weiß aus und wird nach unten hin immer dunkler. Warten Sie ein paar Regengüsse ab, bis sich das Ganze gesetzt hat, und füllen Sie nach Bedarf noch etwas Schotter und Erde nach.

Pflanzen

Die benötigten Pflanzen können Sie bei auf Wildkräuter spezialisierten Gärtnereien in Ihrer Nähe oder bei Versandgärtnereien bestellen.

Nicht geschützte Arten wie Spitzwegerich, Schafgarbe und Frauenmantel können Sie natürlich auch von Spaziergängen mit nach Hause bringen. Vorsicht aber bei allen Pflanzen wie Arnika oder Schlüsselblume, die unter Naturschutz stehen – sie dürfen nicht in freier Natur ausgegraben werden!

Wenn Sie Ihre Pflanzen über eine Versandgärtnerei beziehen, ist es wichtig, dass Sie das Paket nach Erhalt nicht stehen lassen. Öffnen Sie den Karton sofort und kümmern Sie sich darum, die Kräuter möglichst zeitnah in die Erde zu bringen, damit sie gar nicht erst austrocknen oder sonstwie Schaden nehmen können.

Verteilen Sie die Pflanzen zunächst auf den für sie vorgesehenen Plätzen auf der Spirale. Achten Sie darauf, dass niedrig wachsende Arten eher außen am Spiralenrand und höher wachsende innen zu stehen kommen. Graben Sie dann mit einer kleinen Schaufel jeweils ein Loch in Schotter oder Erde und setzen Sie die Pflanzen so hinein, dass sie am Ende nicht tiefer stehen als vorher in ihrem Topf. Zum Schluss wird reichlich angegossen und auch in den folgenden Tagen für stetige Bewässerung gesorgt.

Übrigens erweist sich die Frühjahrspflanzung häufig als deutlich erfolgreicher als die Herbstpflanzung. Im Herbst haben die jungen Pflänzchen nicht mehr viel Zeit, sich auf der Spirale einzuleben, Wurzeln zu bilden und richtig anzuwachsen. Kommt dann noch ein rauer oder nasser Winter hinzu, kann es sein, dass im Frühjahr nicht mehr viel von ihnen übrig ist. Im Frühjahr hingegen ist der Versand von Kräuterpflanzen sehr viel einfacher, und es gibt ausreichend Zeit für ein üppiges Wachstum. So können Sie den ganzen Sommer über die Entwicklung Ihrer neuen Spiralenbewohner mitverfolgen.

Pflanzschema:

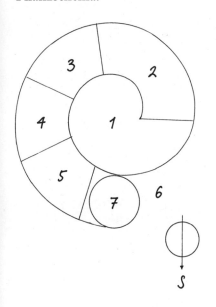

1 – Arnika, Schafgarbe
2 – Blutwurz, Johanniskraut
3 – Ringelblume, Schlüsselblume, Tausendgüldenkraut
4 – Beifuß
5 – Fenchel, Frauenmantel, Spitzwegerich
6 – Gundermann
7 – Fieberklee, Sumpfbaldrian

Die Kräuter im Einzelnen

Arnika

Arnica montana wächst wild auf Berghängen bis zu 2800 Metern. Die obere Hanglage auf der Heilkräuterspirale mit ihrem Schotterboden ist deshalb für sie wie geschaffen. Es lohnt sich, Arnika selbst im Garten anzubauen, denn wild wachsende Arnikapflanzen stehen unter strengem Naturschutz und dürfen nicht gesammelt werden.

Die zur Familie der Korbblütler gehörende Pflanze wird zwanzig bis sechzig Zentimeter hoch und trägt von Mai bis Juli gelborangefarbene Blüten, die einen herb-aromatischen Duft verströmen. Das Gelb der Blüten mag an die Augen von Wölfen erinnern, wie die alten Bezeichnungen »Wolfsauge« und »Wolfsgelb« erahnen lassen. Die heute gebräuchlichen volkstümlichen Namen »Wohlverleih« und »Wundkraut« weisen auf die ungewöhnlich starke Heilkraft der Pflanze hin, die tatsächlich viele Wohl verleihende Eigenschaften hat.

Heilmittel wie Arnikatinktur, Arnikaöl oder Arnikasalbe werden aus den jungen Blüten zu Beginn der Blütezeit gewonnen. Ein sehr gutes Massageöl, das bei schmerzenden Muskeln und Gelenken besonders gut tut, erhalten Sie, wenn Sie eine halbe Tasse frische Arnikablüten in ein Glas füllen, mit einer Tasse Olivenöl übergießen, drei Wochen lang in die Sonne stellen und anschließend abseihen. Aber auch in homöopathischer Zubereitung hat sich Arnika vielfach bewährt. Stürze, Prellungen oder Verstauchungen, aber auch Zahnbehandlungen verlaufen glimpflicher, wenn man zeitnah in Apotheken erhältliche homöopathische Arnika-Globuli einnimmt. (Zur Dosierung lassen Sie sich bitte kompetent beraten.)

Schafgarbe

Achillea millefolium ist auf Wiesen und an Feld- und Wegrändern ganz häufig anzutreffen, wo sie den ganzen Sommer über und bis zu den ersten Winterfrösten weiß oder zart rosafarben blüht. Da die Schafgarbe Staunässe nicht verträgt, ist sie im oberen Bereich der Kräuterspirale sehr gut aufgehoben. Überhaupt ist die Schafgarbe ein gern gesehener Gartengast. Sie stärkt die Widerstandskraft ihrer Nachbarpflanzen und intensiviert deren Duft. Geschnittene Schafgarbenblätter im Komposthaufen beschleunigen den Verrottungsprozess.

Schafgarbentee wird bei Magenschwäche, Durchfall, Bauchschmerzen, Blasenschwäche, Menstruationsproblemen und Krampfadern sowie zur Blutreinigung empfohlen. Um ihn zuzubereiten, brauchen Sie nur zwei Teelöffel Schafgarbenkraut und -blüten mit einem Viertelliter kochendem Wasser zu überbrühen, zugedeckt zehn Minuten ziehen zu lassen und abzuseihen. In homöopathischer Zubereitung hilft Schafgarbe (»Millefolium«) bei Krampfadern, Blutdruckproblemen und Blutungen der inneren Organe. Junge Schafgarbenblätter kann man auch in frische Salate geben und als Suppen- oder Saucengewürz oder in Frischkäse und Quark verwenden. In diesem Fall fördern sie die Verdaulichkeit fetter Speisen.

Blutwurz (Tormentill)

Die Heilkraft der *Potentilla erecta* steckt in den kurzen, dicken, braunen Wurzeln. Werden sie durchgeschnitten, läuft die gelblich weiße Schnittstelle blutrot an. Deshalb nannten unsere Altvordern sie »Blutwurz« und schlossen mit Recht auf blutstillende Eigenschaften. Heute wissen wir, dass diese Wirkung auf einen sehr hohen Gehalt an Gerbstoff zurückzuführen ist. Blutwurz wächst wild auf Wiesen und an Waldrändern. An trockenen Standorten gedeiht sie besonders gut und kann dort bis zu vierzig Zentimeter hoch werden. Auf der Heilkräuterspirale steht sie deshalb im oberen, trockenen Bereich.

In der Naturheilkunde werden die Wurzeln der Pflanze verwendet, die im März/April oder Oktober/November geerntet, getrocknet und fein vermahlen werden. Blutwurztinktur hilft innerlich gegen infektiöse Darmerkrankungen, äußerlich in Form von Kompressen bei blutenden Wunden und Schnitten. Auch als Mundspülung bei blutendem Zahnfleisch oder Entzündungen in Mund und Rachenhöhle hat sie sich bewährt. Werden desinfizierte Wunden mit ganz feinem Wurzelpulver bestreut, fördert dies eine gute Heilung.

Im Frühjahr kann man kleine, junge Blutwurzblättchen an Salat oder Suppen geben. Auch Kräuterkäse, Saucen, Gemüsespeisen oder Kartoffelgerichten geben sie einen würzigen frischen Geschmack.

Johanniskraut

Hypericum perforatum begegnet uns wild an Wegrändern, in lichten Wäldern und auf Brachflächen. Es war eine der Lieblingspflanzen des Paracelsus, der ihr in seinen Schriften ein ganzes Kapitel widmete. Hildegard von Bingen nannte es »die Arnika der Nerven«. Als vielfach bewährter Nervenbesänftiger und Seelentröster ist Johanniskraut tatsächlich eines der beliebtesten Heilkräuter überhaupt. Seine stimmungsaufhellende, antidepressive Wirkung ist wissenschaftlich belegt. Offenbar stimuliert Johanniskraut entsprechende Botenstoffe im Gehirn, ohne müde zu machen oder die Reaktionsfähigkeit einzuschränken. Vor allem im Winter, wenn das Sonnenlicht fehlt und weniger Serotonin gebildet wird, kann die regelmäßige Einnahme von Johanniskraut die Stimmung wohltuend aufhellen und Licht und Sonne in die Seele bringen.

In seinen goldgelben Blüten scheint das Johanniskraut die Heilkraft der Sonne eingefangen zu haben. Tatsächlich steht es in den Tagen zwischen Sommersonnenwende und Johannistag (21. bis 24. Juni) meist in voller Blüte. Aus den frischen Blüten wird das bekannte Johanniskraut-Rotöl hergestellt. Eine halbe Tasse frische Johanniskrautblüten werden dafür in ein Glas gegeben und mit einem Stößel angequetscht. Dann wird eine Tasse kalt gepresstes Olivenöl zugegossen, bis die Blütenmasse zu schwimmen anfängt. Sechs bis acht Wochen soll das Öl dann abgedeckt an einem sonnigen Platz durchziehen, wobei es täglich geschüttelt wird. Hat das Öl eine schöne rubinrote Farbe angenommen, wird es abgeseiht (die eingeweichten Blüten noch einmal auspressen!), in dunkle Flaschen gefüllt und im Kühlschrank aufbewahrt. Dreimal täglich vor den Mahlzeiten ein Teelöffel hebt die Stimmung und beruhigt Nerven und Magen. Für den Tee wird das Kraut mitsamt den voll erblühten Blüten verwendet. In der Homöopathie ist Johanniskraut (»Hypericum«) ein wichtiges Nervenheilmittel, nicht nur bei innerer Unruhe und seelischen Verstimmungen, sondern auch immer dann, wenn bei Verletzungen Nerven durchtrennt wurden, z. B. auch bei »Phantomschmerz«.

Während der Einnahme von Johanniskrautzubereitungen sollte intensive Sonnenstrahlung vermieden werden, da die Inhaltsstoffe die

Lichtempfindlichkeit vor allem bei hellhäutigen Menschen erhöhen können.

Ringelblume

Calendula officinalis ist eine beliebte Blume im Bauerngarten, eignet sich jedoch nicht minder für kulinarische und kosmetische Zwecke, als Färbemittel und Heilpflanze. Dass sie das ganze Jahr über blüht, klingt in ihrem botanischen Namen an, der darauf hindeutet, dass sie am ersten Tag eines jeden Monats (lat. *Calendae*) in Blüte steht.

Mit ihren sonnengelben oder orangefarbenen Blüten ist die Ringelblume eine wahre Zierde für die Heilkräuterspirale. Wegen ihrer »Wetterfühligkeit« fungiert sie außerdem als zuverlässiger Wetterfrosch. Schauen Sie um sieben Uhr morgens nach draußen: Sind die Blüten der Ringelblume noch geschlossen, wird es regnen oder sehr bedeckt werden. Sind die Blüten geöffnet, wird die Sonne scheinen.

Tatsächlich steckt die Heilkraft auch in den von hellgelb bis dunkelorange gefärbten Blütenblättern, die frisch oder getrocknet zu Salben, Tinkturen oder Aufgüssen verarbeitet werden und gegen jede Art von Hautreizung wahre Wunder wirken.

An einem sonnigen Platz, an dem sie sich wohl fühlt, samt sich die einjährige Ringelblume immer wieder von selber aus. Ziehen Sie im zeitigen Frühjahr, wenn sich die kleinen Sprösslinge zeigen, einfach alles aus, was unerwünscht ist, oder versetzen Sie es an eine geeignetere Stelle. Dabei macht es gar nichts, wenn die Ringelblume an ihrem Platz auf der Spirale nicht unbedingt standorttreu ist. Im Gegenteil, als streunender Gast setzt sie auch in anderen Spiralenregionen hübsche Farbtupfer. Schauen Sie einfach, wohin es die Ringelblume auf Ihrer Spirale zieht.

Schlüsselblume

Ich weiß noch genau, wie stark sie mich als Kind beeindruckt hat – die Legende, dass die Schlüsselblume zu den Menschen kam, als einmal der Schlüsselbund des Petrus vom Himmel zur Erde fiel. Petrus sah es von oben, verwandelte ihn in eine Blume und überließ die Himmelsschlüssel so den Menschen, auf dass sie sich mit ihrer Kraft die verborgenen Schätze der Welt erschließen konnten.

Als einer der ersten Frühblüher (lat. *primus* = der Erste) läutet die leuchtend gelbblühende Primelart auf der Heilkräuterspirale den Frühling ein. In der Natur wächst *Primula veris* auf heute nur noch selten zu findenden ungedüngten Wiesen und in lichten Frühlingswäldern, gehört zu den geschützten Pflanzen und darf nicht gepflückt oder ausgegraben werden. Umso schöner ist es daher, wenn sie sich auf der Spirale im eigenen Garten so richtig üppig entfalten kann. Wenn Sie die hübschen mehrjährigen Pflanzen erst einmal im Garten haben, können Sie sie über die Samen ganz einfach selbst vermehren und auch an anderen trockenen, kalkreichen Standorten (z. B. an Wegrändern) ansiedeln.

Schlüsselblumenwurzeln, -blüten und -blätter enthalten Saponine, die zum Abhusten anregen und als Tee oder Sirup gegen verschleimte Bronchien helfen. Andere traditionelle Anwendungsgebiete sind Rheuma, Gicht und Kummer. Am schönsten ist das Zitat von Hildegard von Bingen: »Himmelschlüssel hat alle Kraft der Sonne in sich, und wenn ein Mensch traurig ist, so binde er sich das Kraut auf sein Herz und alle Traurigkeit wird vergehen.«

Tausendgüldenkraut

Seinen wunderschönen Namen bekam *Centaurium minus*, im Volksmund auch »Fieberkraut«, der Sage nach, als ein reicher Mann armen Leuten tausend Gulden versprach, wenn sie ihm ein Mittel gegen sein Fieber gäben. Wild kommt es nur noch sehr selten auf Waldlichtungen und trockenen bis feuchten Wiesen vor, steht unter Naturschutz und darf nicht gepflückt werden. Für die Kräuterspirale sind die kleinen rosa Blüten, die wie kleine Enziane aussehen, eine echte Zierde. Die einjährigen Pflanzen werden etwa dreißig Zentimeter hoch und können im Garten aus den selbst gewonnenen Samen gezogen werden.

In der Naturheilkunde werden Tee und Tinktur aus Tausendgüldenkraut innerlich gegen Appetitmangel, Blutarmut, niedrigen Blutdruck, Gallen- und Leberbeschwerden und äußerlich gegen unreine und entzündete Haut eingesetzt. Getreu dem Motto: »Was bitter dem Mund, ist dem Magen gesund«, ist es fester Bestandteil vieler Kräuterliköre und Magenbitter. Als »Centaury« gehört es zu den Bachblüten und

Die Heilkräuterspirale

hilft Menschen, die sich nicht ausreichend gegen die Wünsche anderer abgrenzen und schlecht nein sagen können.

Beifuß
Artemisia vulgaris gehört zu der sehr artenreichen, nach der griechischen Göttin Artemis benannten Gattung der Artemisia-Gewächse, die uns auf dem LunaSolaris-Beet (siehe Seite 164) noch begegnen werden. Nach Hildegard von Bingen »heilt Beifuß kranke Eingeweide und wärmt den kranken Magen«. Aus getrocknetem Beifußkraut zubereiteter Tee soll bei Magenstörungen mit schlechtem Mundgeruch, Galle- und Leberleiden, Hämorrhoiden, Nervenkrankheiten und Menstruationskrämpfen helfen. Bei der Geburt regt Beifuß die Wehentätigkeit und später die Abstoßung der Nachgeburt an und hatte daher früher einen festen Platz im Gepäck der Hebammen. Die gerebelten frischen Blätter machen fette Speisen würziger und leichter verdaulich. Die jungen, noch geschlossenen Triebe sind eine verdauungsfördernde Salatzutat. Aus der Volksheilkunde ist auch das Beifußkissen bekannt. Mit getrocknetem Beifußkraut gefüllt, sorgt es für einen besonders tiefen, erholsamen Schlaf.

Das mehrjährige Kraut wird bis zu zwei Meter hoch und muss auf der Kräuterspirale »im Zaum gehalten« werden.

Fenchel
Foeniculum vulgare wächst wild im Mittelmeerraum und verströmt dort vor allem nach einem lauen Regen seinen unverwechselbaren, anisartigen Duft. Auch in unseren Breiten kommt er gelegentlich verwildert vor, z. B. wenn er sich aus Gärten, in denen Fenchel angebaut wird, ausgesamt hat. Erkennen kann man ihn sofort an seinen fein gefiederten Blättern und den gelben Doldenblüten. Aus den Samen ist die mehrjährige, aber nicht ganz winterharte Fenchelpflanze auf der Kräuterspirale leicht zu ziehen.

Noch ehe die Samen abfallen, werden die Dolden abgeschnitten, zu Bündeln gebunden und im Schatten getrocknet. Anschließend kann man die Samen herausklopfen und in dunklen Gläsern aufbewahren. Fencheltee ist eine Wohltat bei Darmkrämpfen und Blähungen, hilft bei Husten und Asthma und regt bei stillenden Frauen die Milchbildung an. Wichtig ist, die Fenchelsamen vor dem Überbrühen im Mörser anzuquetschen, damit möglichst viele Wirkstoffe freigesetzt werden. Auch in der Küche lassen sich Fenchelsamen vielseitig einsetzen, z. B. als reizvolles Brotgewürz.

Frauenmantel

Alchemilla vulgaris ist das klassische Heilkraut der Frauen. Wild ist es auf Wiesen und Weiden, an Bachufern und Gräben häufig zu finden. Aber auch auf der Heilkräuterspirale gedeiht das mehrjährige Kraut prächtig und erfreut das Auge mit seinen kräftigen Blättern, in denen morgens kleine, von der Pflanze selbst produzierte Tautropfen glänzen.

Der Tee wird aus den getrockneten Blättern ohne Stängel gewonnen und wird vor allem schwangeren Frauen empfohlen, die vier bis sechs Wochen vor dem Geburtstermin damit beginnen sollen, davon zu trinken. Der Tee stärkt den Uterus und bereitet ihn auf die Geburt vor. Nach der Geburt fördert er die Heilung möglicher kleiner Risse und Verletzungen und wirkt außerdem Milch bildend. Weitere Indikationen in der Naturheilkunde sind die Neigung zu Fehlgeburten, Eierstockentzündungen, Wechseljahresbeschwerden und Gebärmuttervorfall.

Spitzwegerich

Plantago lanceolata gehört zu den überall auf Wiesen, Wegrändern, Waldrändern und Schuttplätzen anzutreffenden Wiesen»un«kräutern, deren Schönheit sich erst bei näherer Betrachtung erschließt. Der Name »Wegerich« kommt aus dem Althochdeutschen und bedeutet »König des Weges«. Mit seinen schlanken, schmalen, wie Lanzen aus dem Boden schießenden Blättern und den braunen, weiß umkränzten Ähren macht er auch auf der Heilkräuterspirale eine wahrhaft königliche Figur. Da er sich gerne vermehrt, sollten die kleinen Pflänzchen dort, wo sie nicht erwünscht sind, ausgezupft werden.

In der Naturheilkunde verwendet man ihn innerlich vor allem bei Husten und Bronchialverschleimung, aber auch zur Blutreinigung und bei Ausschlägen. Wer im Garten von einer Mücke, Biene oder Wespe gestochen wird, kann die frischen Spitzwegerichblätter zwischen den

Händen reiben, bis der Saft austritt, und damit den Stich einreiben. Juckreiz und Schwellung werden dadurch gemindert. Aus dem Saft lassen sich auch sehr wirksame Hustensirupe herstellen.

Übrigens macht sich eine Hand voll der herb schmeckenden jungen Spitzwegerichblätter sehr gut als Ergänzung von grünen Gemüsen, Kräutersuppen und bunten Salaten.

Gundermann

Glechoma hederacea, auch »Gundelrebe« und »Erdefeu« genannt, wächst wild auf Wiesen, an Feldrändern, unter Hecken und Büschen und in lichten Wäldern an den Wegen. Die zur Familie der Lippenblütler gehörende Pflanze gedeiht am besten auf feuchten, nährstoffreichen Böden und ist deshalb am Fuß der Heilkräuterspirale sehr gut aufgehoben. Die langen Zweige und Ausläufer des Gundermanns ranken dort sehr schön über die niedrige Trockenmauer. Von April bis Juni erscheinen dann auch noch die wunderhübschen, hellblauen Blüten.

Die ersten grünen Gundermannblätter können Sie in einen würzigen Frühlingssalat geben. Das Gemüse aus in wenig Butter weich gedünsteten Blättern gilt als Gourmet-Tipp. Der frische Presssaft aus den Blättern wird in der Naturheilkunde innerlich bei Erkrankungen von Blase, Leber und Nieren sowie bei Schnupfen und Husten, äußerlich zur Behandlung eitriger Wunden, Narben und Verletzungen eingesetzt.

Fieberklee

Menyanthes trifoliata, wegen seines Geschmacks auch »Bitterklee« genannt, ist eine Sumpfpflanze und wegen der Trockenlegung vieler Sumpfgebiete in freier Natur heute nahezu ausgerottet. Im kleinen Sumpfbeet am Fuß der Heilkräuterspirale erhält er deshalb ein höchst willkommenes Asyl. Dort wächst er üppig teils im Wasser, teils außerhalb und erfreut im Mai mit seinen grazilen, weißrosafarbenen, mit zarten »Wimpern« verzierten Blüten. Erst danach erscheinen die kleeförmigen Blätter an der Wasseroberfläche.

Wie der Name schon sagt, senkt die Heilpflanze Fieber. Außerdem regt sie die Bildung von Magen- und Gallensäften an, fördert den Appetit, hilft bei zu schwacher Menstruation, gegen Gicht, Rheuma, Erkältungen, Grippe und vieles mehr. In zu hoher Dosierung kann er zu Erbrechen und Durchfall führen, sollte also stets mit besonderer Vorsicht eingesetzt werden.

Sumpfbaldrian

Valeriana dioica ist der kleine, seltene Bruder des bekannten Heilkrauts Baldrian *(Valeriana officinalis)* und auf gleiche Weise zu verwenden, liebt aber nasse Füße und wird nur etwa dreißig Zentimeter hoch. Den Stängel des mehrjährigen Krauts mit seinen fiedrigen Blättern krönt ein Schirm aus weißrosa Blüten. Die Pflanze ist in manchen Regionen selten geworden und darf aus diesem Grund nur aus kultivierter Herkunft (Wildstauden-Gärtnereien) bezogen werden. In der Botanik gibt es eine eigene Familie der Baldriangewächse, die mit rund dreihundertfünfzig Arten eine beachtliche Größe hat und zu der übrigens auch der Feldsalat *(Valerianella olitoria)* gehört.

Baldrian ist ein altes, sehr beliebtes Heilmittel. Sein lateinischer Name *Valeriana* kommt von *valere* (= kräftig sein, sich wohl befinden). Sein deutscher Name ist mit Baldur verbunden, dem germanischen Gott des Lichts, der Reinheit und der Güte. Baldur heißt »der Hilfsbereiteste« – und tatsächlich bietet der Baldrian bei vielen Beschwerden seine Hilfe an. Am häufigsten wird er heute zur Beruhigung überreizter Nerven eingesetzt, gilt seine entkrampfende Wirkung auf das Zentralnervensystem doch als wissenschaftlich erwiesen.

Das Sumpfbeet

Das Sumpfbeet ist eine reizvolle Alternative zum Miniteich am Fuß der Kräuterspirale. Weil einige unserer heimischen Heilpflanzen am liebsten in sumpfigen Gefilden wachsen, bietet es sich als Ergänzung der Heilkräuterspirale ganz besonders an. Auch für Familien mit Kleinkindern, die aus den bekannten Gefahrengründen die Anlage von Teichen scheuen, sind solche Sumpfbeete übrigens eine attraktive Ausweichmöglichkeit. Außer mit den hier genannten Heilkräutern lassen sie sich mit so ausdrucksvollen, schönen Pflanzen wie Gauklerblumen, Sumpf-Iris und Sumpfdotterblume wunderschön gestalten.

Die Heilkräuterspirale

Im Sumpfbeet sollten bei einem Wasserstand von fünf bis fünfzehn Zentimetern immerfeuchte Bedingungen herrschen. Besonders im Sommer ist darauf zu achten, dass das Sumpfbeet nie ganz trockenfällt.

Um ein Sumpfbeet anzulegen, heben Sie am Fuß der Heilkräuterspirale eine kreisrunde Fläche etwa vierzig Zentimeter tief aus. Achten Sie darauf, dass der Grund Ihrer Kuhle völlig frei von spitzen Steinen, Wurzeln oder Scherben ist. Bedecken Sie die Teichsohle zum Schutz der Folie sicherheitshalber noch einmal mit einem Gartenvlies. Anschließend kleiden Sie die Fläche mit Teichfolie aus, die Sie nicht zu klein bemessen und an den Rändern auch erst dann endgültig abschneiden sollten, wenn das Sumpfbeet fertig ist. Über die Folie können Sie eine zweite Vliesschicht legen, damit das Substrat später besser hält.

Füllen Sie nun das Beet zu etwa zwei Dritteln mit Kies. Erde kommt nicht hinzu, damit das Kleinstbiotop nährstoffarm bleibt und sich darin später keine Algen bilden. Einige größere Steine können Sie verwenden, um die richtige Pflanzhöhe zu regulieren und später die Pflanzen zu beschweren, damit sie nach dem Einlassen des Wassers nicht nach oben schwimmen. Den Folienrand können Sie nun nicht zu knapp so abschneiden, dass er noch ein wenig hochsteht. Legen Sie von beiden Seiten Steine dagegen, damit eine Kapillarsperre entsteht, d. h. das umliegende Erdreich nicht das Wasser aus dem Sumpfbeet zieht (»Schwammeffekt«).

Dann werden Sumpfbaldrian und Fieberklee so eingesetzt, dass sie etwa fünf Zentimeter unter dem »Meeresspiegel« zu stehen kommen. Zum Schluss gießen Sie so viel Wasser an, dass der kleine Sumpf zum Boden seiner Umgebung bündig anschließt.

Von den kargen Höhen bis zu den sumpfigen Tiefen sind auf Ihrer Heilkräuterspirale jetzt alle Klimazonen vertreten.

Variationen: Verschiedene Heilkräuterspiralen

Aus der Fülle heimischer Heilkräuter können Sie natürlich auch ganz andere Kombinationen zusammenstellen. Vielleicht haben Sie besondere Lieblingskräuter, die Sie gern in Ihrem Garten um sich hätten. Oder Sie richten sich an einer berühmten Heilerin wie Hildegard von Bingen aus. Auch bestimmte »Einsatzgebiete« der angebotenen Heilkräuter sind ein lohnendes Auswahlkriterium. Hier einige interessante Varianten zum Ausprobieren:

Die Frauenspirale
(mit Heilkräutern, die Frauen besonders gut tun)

Pflanze	Botanischer Name	Spiralen-Standort	Besonderheiten
Beifuß	*Artemisia vulgaris*	4	
Engelwurz	*Angelica archangelica*	6	bis zu 2 m groß
Frauenmantel	*Alchemilla vulgaris*	5	
Gänsefingerkraut	*Potentilla anserina*	6	bildet Ausläufer
Echte Goldrute	*Solidago virgaurea*	5	
Gundermann	*Glechoma hederacea*	6	bildet Ausläufer
Küchenschelle	*Pulsatilla vulgaris*	1	
Ringelblume	*Calendula officinalis*	3	einjährig
Rosmarin	*Rosmarinus officinalis*	1	Winterschutz
Schafgarbe	*Achillea millefolium*	2	
Traubensilberkerze	*Cimicifuga racemosa*	4	
Sumpfdotterblume	*Caltha palustris*	7	braucht Feuchtigkeit
Zitronenmelisse	*Melissa officinalis*	3	bildet Ausläufer

Die Hildegard-Spirale
(mit Heilkräutern, die Hildegard von Bingen besonders empfahl)

Pflanze	Botanischer Name	Spiralen-Standort	Besonderheiten
Akelei	*Aquilegia vulgaris*	5	
Arnika	*Arnica montana*	1	
Bachbunge	*Veronica beccabunga*	4	
Beinwell	*Symphytum officinale*	6	bildet Ausläufer; in einen unten offenen Topf pflanzen
Berggamander	*Teucrium montanum*	4	
Johanniskraut	*Hypericum perforatum*	3	
Mariendistel	*Silybium marianum*	5	zweijährig
Quendel	*Thymus serpyllum*	1	
Tausendgüldenkraut	*Centaurium minus*	3	einjährig
Wegwarte	*Cichorium intybus*	2	samt sich stark aus
Weinraute	*Ruta graveolens*	3	
Ysop	*Hyssopus officinalis*	2	

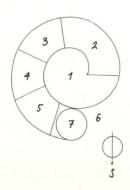

Die Gute-Laune-Spirale
(mit Heilkräutern, die beruhigen, die Nerven stärken und die Stimmung heben)

Pflanze	Botanischer Name	Spiralen-Standort	Besonderheiten
Anisysop	*Agastache anisata*	1	
Baldrian	*Valeriana officinalis*	3	
Engelwurz	*Angelica archangelica*	6	zweijährig, 2 m hoch
Färberkamille	*Anthemis tinctoria*	2	samt sich aus
Gemswurz	*Doronicum grandiflorum*	4	
Johanniskraut	*Hypericum perforatum*	3	
Klatschmohn	*Papaver rhoeas*	6	einjährig
Lavendel	*Lavandula angustifolia*	2	
Zitronenmelisse	*Melissa officinalis*	4	bildet Ausläufer
Ringelblume	*Calendula officinalis*	5	einjährig
Rosmarin	*Rosmarinus officinalis*	1	Winterschutz

Die Küchenkräuterspirale

Frühmorgens in den Garten. Mit Schere und Korb zur Kräuterspirale. Schnittlauch, Petersilie, Dill und Estragon ernten, vielleicht noch etwas Brunnenkresse. Dann den Quark anrühren, Eier kochen, Brötchen aus dem Ofen nehmen, Milch anwärmen, Kaffee oder Tee eingießen, Schnittlauch auf die Frühstückseier streuen, Quark auf die Brötchen streichen und raten lassen, welche Kräuter sich darin verbergen …

So köstlich, frisch und leicht kann ein Tag beginnen, dessen Küche rund um die eigene Küchenkräuterspirale kreist.

Wie wäre es dann zum Mittag mit einer Thymian-Brokkoli-Suppe, Salbeispaghetti oder Maistalern mit Petersiliensauce? Zum Nachmittagstee mit einem Kirsch-Bananen-Kuchen mit Pfefferminze? Und zum Abend mit Lauchgemüse mit Estragon, Rosmarinkartoffeln und einem bunten Kräutersalat?

Mit Kräutern zu kochen ist leichter, als Sie vielleicht glauben. Durch ihre abwechslungsreiche Aromavielfalt verfeinern und veredeln Küchenkräuter viele an sich einfache Gerichte. Gleichzeitig sind alle Küchenkräuter reich an Vitaminen und ätherischen Ölen, die Leib und Seele gut tun und die Beköммlichkeit der Speisen erhöhen. Zum Glück ist ihre Würzkraft dabei so mild, dass die meisten getrost reichlich verwendet werden können.

Damit die wertvollen Inhaltsstoffe keinen Schaden nehmen, sollten Sie frische, zarte Kräuter nicht mitkochen, sondern erst ganz zuletzt zugeben. Nur bei besonders robusten Kräutern wie Rosmarin und Thymian macht es Sinn, auch frisch schon eine Hälfte während des Garens und die andere Hälfte zum Schluss der Kochzeit unterzuheben. Getrocknete Kräuter, die übrigens noch mehr köstliches Aroma entfalten, wenn man sie kurz vor ihrer Verwendung zwischen den Fingern zerreibt oder kurz im Mörser andrückt, kochen dagegen die letzten zehn bis fünfzehn Minuten mit.

Mit einer Küchenkräuterspirale haben Sie vom zeitigen Frühjahr bis weit in den Herbst hinein stets eine große Palette frischer Würzkräuter zur Hand. Kräuter, die Sie für den Winter trocknen möchten, breiten Sie an einem luftigen, aber schattigen Ort großflächig aus und verstauen sie anschließend in Porzellangefäßen oder dichten, braunen Gläsern.

Viele Kräuter, wie Petersilie, Schnittlauch, Dill, Estragon und Basilikum, die sich nicht so gut trocknen lassen, können Sie für den späteren Gebrauch hervorragend einfrieren. Hacken Sie die Kräuter fein und breiten Sie sie auf einem Tablett aus, das Sie in den Tiefkühlschrank stellen. Später können Sie das Kräutergefriergut dann in Gefrierbeutel oder -dosen füllen und je nach Bedarf streu- und rieselfähig portionieren.

Für Saucen, Suppen und Eintöpfe können Sie auch Kräutereiswürfel vorbereiten, die Sie dann nur noch in die warmen Speisen rühren müssen. Geben Sie die gehackten Kräuter in Eiswürfelbereiter, gießen Sie sie mit wenig Wasser auf und füllen Sie die fertig gefrorenen Eiswürfel wiederum in Gefrierbeutel oder -dosen. Dabei brauchen Sie sich nicht auf ein Kraut zu beschränken, sondern können sich je nach Geschmack und Laune Beutel mit verschiedenen Würzwürfeln zusammenstellen – nur das Beschriften nicht vergessen!

Ein feines Würzmittel für die eigene Kräuterküche ist auch ein selbst gemachtes Kräutersalz. Getrocknete, fein geriebene Kräuter wie Estragon, Liebstöckel und Petersilie werden mit gleichen Teilen Meersalz vermischt und in dunkle Schraubgläser gefüllt. Das selbst gemachte Kräutersalz können Sie wie Kochsalz verwenden, sollten es aber erst ganz zum Schluss an die fertig gekochten Speisen geben.

Umgekehrt lassen sich Kräuter auch in Zucker konservieren. Versuchen Sie es z. B. mal mit kandierter Minze. In einer starken Zuckerlösung lässt man die Minzenblätter ziehen und trocknen. Mehrmals überkandieren und nachtrocknen – eine hübsche, originelle Knabberei!

Steckbrief: **Küchenkräuterspirale**
Standort: sonnig bis schattig
Substrat: Kalkschotter oben, Gartenboden unten
Bepflanzung: Kräuter zur Verwendung für Speisen

Pflanze	Botanischer Name	Spiralen-Standort	Besonderheiten
Bergbohnenkraut	*Satureja montana*	3	ausdauernd
Borretsch	*Borago officinalis*	4	einjährig
Brunnenkresse	*Nasturtium officinale*	7	
Dill	*Anethum graveolens*	5	einjährig
Estragon	*Artemisia dracunculus*	3	treibt Ausläufer
Liebstöckel	*Levisticum officinale*	6	besser außerhalb der Spirale
Majoran	*Origanum majorana*	4	
Marokkanische Minze	*Mentha spicata var. crispa*	6	treibt Ausläufer
Petersilie	*Petroselinum crispum*	6	zweijährig
Rosmarin	*Rosmarinum officinalis ‚Veitshöchheim'*	1	Winterschutz
Salbei	*Salvia officinalis*	1	
Schnittlauch	*Allium schoenoprasum*	2	
Thymian	*Thymus vulgaris*	2	
Zitronenthymian	*Thymus citriodorus*	2	

Die Küchenkräuterspirale

Bauen

Die Küchenkräuterspirale kommt der klassischen Kräuterspirale sehr nahe und kann daher nach dem gleichen Bauplan angelegt werden (siehe Seite 11). Von den mediterranen Kräutern an der Spitze der Spirale bis zur Brunnenkresse im kleinen Wasserloch werden so die unterschiedlichen Standortbedingungen optimal genutzt.

Überlegen Sie vor dem ersten Spatenstich jedoch besonders sorgfältig, wo Sie die Küchenkräuterspirale in Ihrem Garten am besten platzieren. Der Australier Bill Mollison, der die Kräuterspirale im Rahmen seines »Permakultur«-Konzeptes erfand, meinte dazu: »Ich sage den Leuten oft, stellt euch einen großen Büschel Petersilie irgendwo ganz hinten in eurem Garten vor. Ihr habt gerade Suppe gemacht, ihr schaut aus dem Fenster, es regnet, ihr habt Hausschuhe an und Lockenwickler im Haar. Ihr werdet euch nicht umziehen, um durch den nassen Garten zu eurer Petersilie und wieder zurück in die Küche zu gehen. Ihr werdet lieber auf die Ernte verzichten.«

Das lässt nur eine Schlussfolgerung zu: Die Kräuterspirale muss möglichst nah heran an die Kochtöpfe! Vielleicht haben Sie noch ein sonniges Plätzchen vor Ihrer Haustür oder in der Nähe Ihrer Terrasse frei?

Eine sehr schöne Idee ist auch, die Küchenkräuterspirale in den Übergang zwischen Südterrasse und angrenzendem Rasen zu integrieren. Von der Sonnenliege aus können Sie dann bei schönem Wetter aus nächster Nähe das Wachsen und Gedeihen auf der Spirale verfolgen, die schönen Blüten betrachten, den würzigen Duft genießen und den summenden Insekten lauschen. Die sonnige, windgeschützte Lage für die Spirale ist bei dieser Platzierung inklusive. Der Weg zur Küche ist nicht weit, und Sie wissen auch schon, wie Sie Ihren Kräutern selbst bei feuchtem Wetter einigermaßen trockenen Fußes mit Schere und Korb zu Leibe rücken können.

Pflanzen

Pflanzschema:

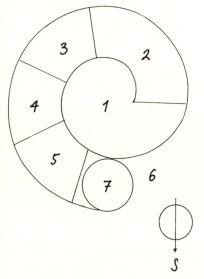

1 – Rosmarin, Salbei
2 – Thymian, Zitronenthymian, Schnittlauch
3 – Bergbohnenkraut, Estragon
4 – Majoran, Borretsch
5 – Dill
6 – Liebstöckel, Petersilie, Marokkanische Minze
7 – Brunnenkresse

Hat sich die Erde in der Spirale nach einigen Regengüssen gesetzt und haben Sie noch einmal eine Schicht Schotter bzw. Sand, Kompost und Gartenerde nachgefüllt, können Sie mit dem Bepflanzen Ihrer Küchenkräuterspirale beginnen.

Eine Besonderheit unserer Zusammenstellung verschiedener Küchenkräuter besteht darin, dass sie neben mehrjährigen auch einjährige Kräuter wie Borretsch und Dill enthält, die im Frühjahr ausgesät werden und nach dem ersten starken Frost im Herbst wieder absterben, also jedes Jahr neu gezogen werden müssen.

Lassen Sie deshalb beim Einpflanzen der mehrjährigen Pflanzen ausreichend Platz für die einjährigen Spiralengäste. Am besten stellen Sie wiederum die pflanzfertigen Kräuter noch mit den Töpfen auf ihre vorgesehenen Plätze auf der Spirale, um so die einzelnen Standorte und Abstände sorgfältig überprüfen zu können. Nachdem Sie die mehrjährigen Pflanzen vorsichtig eingesetzt und angegossen haben, streichen Sie die für die einjährigen Kräuter vorgesehenen Stellen glatt, und bestreuen Sie sie mit den jeweiligen Kräutersamen. Zum leichten Bedecken der Samen können Sie feinkrümeligen Kompost verwenden. Nun muss auch hier regelmäßig, aber vorsichtig gewässert werden, und zwar am besten mit einem Brauseaufsatz auf der Gießkanne, damit die Samenkörnchen nicht davongeschwemmt werden. Die Keimzeiten der einzelnen Kräuter sind unterschiedlich. Vor allem das Aussäen von Petersilie erfordert einige Geduld, da es bis zu drei Wochen dauern kann, bis sich die ersten Keimlinge zeigen.

Die Kräuter im Einzelnen

Rosmarin

Rosmarinus officinalis kennen wir bereits von der Mittelmeerspirale (siehe Seite 17), wo er ebenfalls den wärmsten und von den letzten Ausläufern der gewendelten Steine geschützten Spitzenplatz einnimmt. Geerntet werden die nadelförmigen Blätter, und zwar am besten vor der Blüte. Wer die Blätter für den Winter aufbewahren möchte, trocknet sie sofort nach der Ernte – bei warmem Wetter draußen im Schatten oder in einem warmen Zimmer (z. B. Heizungsraum) luftig ausgebreitet. Wer frischen Rosmarin verwenden will, kann auch später noch laufend frische Triebe von der Kräuterspirale ernten.

Dass ein so würziges Kraut wie der Rosmarin auch für die Küche entdeckt wurde, war wohl nur eine Frage der Zeit. Seit dem 17. Jahrhundert wird er häufig in Kochbüchern erwähnt, vor allem im Zusammenhang mit Wild- und Lammfleisch, aber auch mit Gemüsegerichten, Saucen, Suppen und Salaten.

Rosmarin passt sehr gut zu Eintöpfen und Kartoffeln, zu allem scharf Gebratenen, Gebeizten und Gegrillten. (Sehr schön duftet es, wenn Sie beim Grillen einen Rosmarinzweig in die Holzkohleglut werfen.) Aber auch ein knackiger Obstsalat lässt sich sehr schön mit frischen Rosmarinblättern und -blüten würzen und garnieren. Oder verrühren Sie klein gestoßene Rosmarinblüten mit etwas Zucker und Sahne und gießen Sie diese feinwürzige Sauce über ein frisches Fruchtpüree. Das exquisite Mittelmeeraroma wird Sie vielleicht an Ihren letzten Urlaub erinnern.

Salbei

Auch *Salvia officinalis* ist uns bereits auf der Mittelmeerspirale begegnet. An einem warmen Platz in den höheren, nährstoffarmen Hanglagen der Kräuterspirale kann er sein typisches Aroma optimal entfalten. Am würzigsten sind die jungen Blätter und Triebspitzen, die man den ganzen Sommer über ernten kann. Zum Kochen sollten Sie nur frischen Salbei verwenden, da der getrocknete deutlich strenger und »medizinischer« schmeckt.

In den Küchen Südeuropas wird frischer Salbei seit langem als Alleingewürz oder in Gewürzmischungen verwendet. Bedenken Sie beim Experimentieren, dass er sehr starke Geschmacksakzente setzt. Pasta oder Gnocchi mit Salbei brauchen nichts weiter als ein wenig Butter, Salz und Pfeffer, jede weitere Zutat würde den köstlichen Geschmack dieser einfachen, aber wirkungsvollen Gerichte nur verwässern. Für ein besonders würziges Pesto können Sie Salbei mit gerösteten Walnüssen, Walnussöl und etwas Knoblauch mischen. In einer kräftigen Kräuterbutter harmoniert Salbei mit Pfefferminze, Ysop und Petersilie. Ein Stängel Salbei im Apfelgelee sieht toll aus und sorgt für ein feinherbes Aroma.

Thymian und Zitronenthymian

Thymus vulgaris und *Thymus citriodorus* sind auf den ersten Blick eher unscheinbare, niedrige Bodendecker. Damit sie nicht überwuchert und verdrängt werden, kommen sie auf der Kräuterspirale deshalb am besten ganz am Rand zu stehen, wo sie nach außen über die Trockenmauersteine wachsen können.

Als Gewürz gewann der Thymian erst im Mittelalter Bedeutung. Heute ist er aus der mediterranen Küche gar nicht mehr wegzudenken, ist Bestandteil der Mischungen *Fines herbes*, *Herbes de Provençe* und *Bouquet garni*. Aber auch in Mitteleuropa, den Balkanländern und in Afrika zählt er zu den beliebtesten Gewürzen. Er unterstützt die Verdauung fetter Speisen, passt besonders zu Hülsenfrüchten, gegrilltem Gemüse und Käse, aber auch zu Obstsalaten und Marmeladen. Auch die kleinen Thymianblüten sind essbar und eine hübsche Verzierung für leichte Speisen. Experimentieren Sie ruhig einmal mit dem kleinwüchsigen Würzwunder aus dem Mittelmeerraum. Wenden Sie kleine, geschälte Kartoffeln in Olivenöl mit Thymian und backen Sie sie anschließend auf dem Backblech im Ofen gar. Schneiden Sie halbierte Auberginen der Länge nach zu Fächern und bestreichen Sie sie vor dem Grillen mit Olivenöl und Thymian. Probieren Sie als Alternative zu Tomaten mit Mozzarella einmal Tomaten mit Tofu, Leinöl und Thymian. Und geben Sie den fruchtig würzigen Zitronenthymian in Obstsalat oder Rote Grütze.

Schnittlauch

Allium schoenoprasum ist der zierlichste, hübscheste und mildeste Vertreter aller Zwiebelgewächse. In China ist sein Anbau bereits seit 4000 Jahren belegt. Dort mundete er schon Marco Polo, der die Pflanze im Abendland bekannt gemacht haben soll. Bis heute wird in China auf der Straße und in Reisezügen gesottener Schnittlauch als pikantes Fast Food verkauft. In Mitteleuropa dagegen wurde der Schnittlauch erst im Mittelalter gezielt angepflanzt. Seine Verwendung als Küchengewürz ist hier seit dem 16. Jahrhundert belegt.

Frische Schnittlauchblätter können Sie das ganze Jahr hindurch ernten. Schneiden Sie den Schnittlauch regelmäßig kräftig zurück, dann wachsen immer wieder neue Blätter nach. Lassen Sie dabei aber stets auch einen Teil der Blätter stehen, damit die Pflanze sich wieder erholen und auch blühen kann. Die Blüten sind nicht nur eine gute Bienenweide und wunderschön anzusehen, sondern ebenfalls essbar und eine attraktive Bereicherung für viele interessante Schnittlauchrezepte.

Fein geschnittene Schnittlauchröllchen lassen sich auch recht gut einfrieren. Beim Trocknen, Kochen oder Dünsten geht das meiste Aroma allerdings verloren, und das wäre sehr schade. Mit seinem feinen, durch reichlich Senföle genährten, lauchartig zwiebeligen Geschmack gibt der Schnittlauch vielen Gerichten genau die richtige frische Würze, wirkt stimulierend und regt Appetit und Verdauung an. Wie alle Zwiebelgewächse enthält er Inhaltsstoffe, die sich günstig auf Blutdruck und den Cholesterinspiegel auswirken und zur Krebsprophylaxe beitragen sollen. Um alle wertvollen Inhaltsstoffe zu erhalten, gibt man fein gehackte Schnittlauchröllchen am besten frisch über bereits gekochte Speisen. Besonders gut passt er zu Eierspeisen, Rahmsaucen, Suppen, frischen Gemüsesalaten, Kartoffeln, Mayonnaisen, Quark, Kräuterbutter und Butterbrot.

Bergbohnenkraut

Satureja montana ist das ausdauernde Pendant zum einjährigen Bohnenkraut. Der Name ist bei ihm Programm: In der Küche findet es hauptsächlich als Beikraut von Bohnengerichten Verwendung. Unter der Bezeichnung »Pfefferkraut« wurde es früher als preiswerter Pfefferersatz geschätzt. Auf ähnliche Weise kommt es heute als Salzersatz zum Einsatz: Wer aus Gesundheitsgründen am Salz sparen muss, gibt zu Pulver vermahlene Bohnenkrautblätter ins Essen.

Bohnenkrautblätter schmecken pfeffrig und sehr aromatisch. Sie lassen sich frisch im Kühlschrank aufbewahren oder fein gehackt mit etwas Wasser in der Eiswürfelschale einfrieren. Auch wenn man es durchaus auch noch im Winter frisch ernten kann, kommt dann meist getrocknetes Bohnenkraut zum Einsatz. Traditionell verfeinert es Bohnengemüse und -salate, aber auch Suppen, Eintopfgerichte, grüne Salate und Saucen. Auch Kräuteromeletts gewinnen durch das Bergbohnenkraut. Besonders beliebt ist es als Käsegewürz, passt zu milden ebenso wie zu pikanten Käsesorten und gehört in manchen Käsereien zum festen Gewürzrepertoire.

Beim Kochen sollten Sie Bohnenkraut übrigens lieber nicht gemeinsam mit Majoran oder Oregano verwenden. Mit Ysop und Thymian dagegen harmoniert es ausgesprochen gut.

Estragon

Das ganz besondere, bittersüßliche Aroma von *Artemisia dracunculus* wurde früh für die Küche entdeckt. Schon im 16. Jahrhundert empfahl Olivier de Serres französischen Köchinnen und Köchen die Verwendung der würzigen Estragonblätter.

Die Küchenkräuterspirale

Von der Küchenkräuterspirale können die Blätter vom zeitigen Frühjahr bis in den späten Herbst hinein ständig frisch geerntet werden. Vor der Blüte gepflückte, sorgfältig getrocknete Blätter behalten ein leichtes, süßes Aroma, wenn sie luftdicht und lichtgeschützt aufbewahrt werden.

Estragon bildet gern viele Ausläufer und neigt dazu, sich auf der Kräuterspirale auszubreiten, deshalb muss er ab und zu mit dem Spaten in seine Grenzen gewiesen werden. Andererseits ist er von allen Spiralenbewohnern sicherlich das feinste Küchenkraut. So manchem Rezept der gehobenen Küche wie der berühmten *Sauce béarnaise* verleiht er eine unnachahmlich elegante Note. Rühren Sie seine frischen, zarten Blätter in edle Sahnesaucen, Marinaden, Suppen und Omeletts. Würzen Sie damit feine Gemüsegerichte mit Spargel, Lauch oder Paprika. Verwenden Sie ihn zum Aromatisieren von Essig und Senf. Füllen Sie Avocados mit einer selbst gemachten Mayonnaise mit Estragon. Streuen Sie fein gehackte Estragonblätter über einen mit Zitronensaft und Olivenöl angemachten grünen Salat. Legen Sie Grillgemüse in einer Marinade aus Olivenöl, Balsamico-Essig, Dijonsenf und Estragon ein.

Mischen Sie Schmelzkäse mit fein gehackten Estragonblättern, füllen Sie damit Champignons und Tomaten und überbacken Sie sie im Ofen. Und kauen Sie, wenn Sie mögen, nach einem deftigen Knoblauchgericht ein paar frische Estragonblätter. Ihr Atem wird dann schnell wieder gesellschaftsfähig sein.

Majoran

Origanum majorana, auch »Echter Majoran« oder »Gartenmajoran«, ist der domestizierte Bruder des als »Wilder Majoran« bekannten Oreganos. In unseren Gärten ist das aus der Mittelmeerregion stammende Kraut schon seit dem 16. Jahrhundert heimisch. Verwendet werden die frischen Blätter, die sich – vor der Blüte an den Stängeln gebündelt und im lichten Schatten kopfüber aufgehängt – auch ohne großen Aromaverlust sehr gut trocknen lassen.

Majoran ist milder als Oregano oder Thymian und passt sehr gut zu Kartoffelgerichten, Eintöpfen, Bohnenspeisen und Tomatengerichten. Deftige, fettige Speisen macht er leichter bekömmlich. Die würzige Hauptrolle spielt er im beliebtesten Herbstgericht meiner Familie, einem Eintopf aus Steckrüben, Kartoffeln und Möhren, der mit etwas Gemüsebrühe und reichlich getrocknetem Majoran gegart wird. Dazu schmecken Räuchertofu und ein ordentlicher Klacks Senf.

Borretsch

Borago officinalis erfreut auf der Küchenkräuterspirale das ganze Jahr über vor allem durch seine strahlend blauen, wunderhübschen Blüten. Kein Wunder, dass er im Volksmund Namen wie »Augenzier« oder »Liebäuglein« trägt. Seinen grau behaarten Blättern entströmt ein intensiver Gurkengeruch – daher auch die Bezeichnung »Gurkenkraut«. Fein gehackt schmecken sie aber nicht nur im Gurkensalat, sondern verleihen allen Salaten und herzhaften Quarkspeisen einen besonders frischen Geschmack. Auch aus der berühmten »Frankfurter Grünen Soße« sind sie nicht wegzudenken. Gekocht als Beigabe zu Mangold oder Spinat verfeinern sie deren Aroma und lassen die Farbe intensiver erscheinen.

Problematisch werden kann der einjährige Borretsch im Garten nur durch seinen unbändigen Ausbreitungswillen. Wird er nicht durch regelmäßiges Auszupfen der reichhaltigen Nachkommenschaft im Zaum gehalten, samt er sich den ganzen Sommer über weiter aus und nimmt bald die ganze Kräuterspirale samt Umfeld für sich in Beschlag. Schauen Sie deshalb vorsorglich immer wieder einmal nach, ob es Borretschsprösslinge auszuziehen gibt (an den großen Keimblättern sind sie sehr gut zu erkennen). Oder entfernen Sie die alte Mutterpflanze und lassen Sie dafür einige junge Nachkömmlinge stehen, denn die kleinen, zarten Blätter junger Borretschpflanzen schmecken am allerbesten.

Dill

Anethum graveolens ist einjährig und muss deshalb in jedem Frühling erneut ausgesät werden. Besonders ratsam ist es, immer nur eine kleine Menge Dillsamen auszubringen und dann in monatlichen Abständen nachzusäen, sodass man immer frischen Dill zur Verfügung hat.

In der Küche werden die frischen Sprossspitzen und die getrockneten Dillsamen verwendet. Die Sprossspitzen werden abgeschnitten, ehe sich Blüten gebildet haben. Sie schmecken am besten frisch, können aber auch im lichten Schatten getrocknet und in braunen Glasbehältern für den Winter aufbewahrt werden. Die Samen erntet man, sobald sie braun sind, und zwar am besten in ganzen Dolden am frühen Morgen, wenn noch Tau auf den Pflanzen liegt. Wenn man die Dolden dann über ein Tuch hängt, fallen die Früchte nach und nach heraus, wenn der Tau abtrocknet.

Dillspitzen schmecken lecker in frischen Salaten und in allen kalten oder warmen weißen, mit Süß- oder Sauerrahm angerührten Saucen, aber auch zu Frischkäse, Tomaten und Eierspeisen. Probieren Sie auch einmal Dillbutter, die Sie vor dem Aufbacken in scheibenweise eingeschnittene Baguettebrote streichen. Dillsamen sind ein besonders aromatisches Brotgewürz.

Liebstöckel

Levisticum officinale erkennt man sofort an seinem kräftigen, sellerieartigen Geruch. Seinem unverwechselbaren »Suppenwürfelaroma« verdankt er den Spitznamen »Maggikraut«. Tatsächlich sind Liebstöckelblätter, die übrigens grundsätzlich mitgekocht werden sollten, ein gesunder Salzersatz in Suppen, Eintöpfen und Gemüsegerichten. Eine pikante Reisbeilage erhalten Sie, wenn Sie Liebstöckelblätter mit Zwiebeln in etwas Butter oder Margarine andünsten, Wasser angießen und den Reis darin garen lassen. Lecker schmecken ganz fein gehackte Liebstöckelblätter auch in einem selbst gemachten Nudelteig.

Da die Liebstöckelpflanze sehr groß werden kann, ist sie neben der Spirale am besten aufgehoben. In meinem Garten steht sie dicht an der Spiralenmauer neben dem kleinen Spiralenteich.

Petersilie

»Petersilie Suppenkraut, wächst in unserm Garten ...« In fast allen Ländern der Welt zählt *Petroselinum crispum* zu den beliebtesten Küchenkräutern.

Verwendet werden sollten die sehr vitamin- und mineralstoffreichen Petersilienblätter am besten frisch von der Kräuterspirale. Für den Winter lässt sich ihr Aroma am ehesten durch Einfrieren bewahren. Damit die wertvollen Inhaltsstoffe nicht verloren gehen, sollten Sie Petersilienkraut niemals mitkochen, sondern immer erst an die fertigen Speisen geben.

Die Verwendungsmöglichkeiten der Petersilie in der Küche sind schier unbegrenzt. Interessant wird es, wenn wir ihren Ruf als Allerweltsgewürz und Standardgarnierung hinter uns lassen, sie sich in neuen Kombinationen bewähren lassen oder z. B. in Suppen und Saucen einmal ganz in den Vordergrund stellen.

Versuchen Sie auch einmal, krause Petersilienblätter mit ihren Stängeln etwa eine Minute in siedendem Fett auszubacken und sie vor dem Servieren auf Papier abzutropfen. Genießen Sie gedämpftes Gemüse mit einer heißen Petersiliensauce aus einer halb mit Milch, halb mit Gemüsebrühe zubereiteten Mehlschwitze und einem Bund sehr fein gewiegter Petersilienblätter. Und servieren Sie eine Würzpaste aus fein gewiegter Petersilie, zerdrücktem Knoblauch, Olivenöl und abgeriebener Zitronenschale zu kross angebratenen Austernpilzen. Sie werden rasch merken, dass die gute alte Petersilie vielseitiger ist als zunächst gedacht.

Marokkanische Minze

Auf einer Küchenkräuterspirale darf eine Minze natürlich nicht fehlen. Für welche der vielen, vom Aroma her durchaus sehr unterschiedlichen Minzenarten man sich entscheidet, ist reine Geschmackssache. *Mentha spicata var. crispa*, die wir Ihnen hier empfehlen, gehört zu den arabischen Minzen und harmoniert besonders gut mit vielen Speisen und Getränken. In arabischen Ländern ist es besonders beliebt, in jede Tasse schwarzen Tee einige frische Blättchen dieser Minzenart zu geben.

Alle Minzenarten haben die – gärtnerisch gesehen – unangenehme Eigenschaft, sich durch unterirdische, äußerst kräftige Seitentriebe schier unaufhaltsam auszubreiten. Beugen Sie deshalb vor, indem Sie von einem alten Zehn-Liter-Eimer den Boden absägen, ihn so in die Kräuterspirale einsetzen, dass er nur noch knapp über den Boden schaut, und die Minze hineinpflanzen. Bedenken müssen Sie dabei nur, dass die Pflanze den Boden in dieser für sie sehr engen Behausung in zwei bis drei Jahren erschöpft hat und daher ausgegraben und in neue Erde gesetzt werden muss.

Bei der Verwendung von Minze in der Küche muss es nicht immer der ewige Teeaufguss sein. Legendär ist der für die amerikanischen Südstaaten typische »Mint-Julep«: Füllen Sie eine Mischung aus etwas zerkleinertem Eis, Zuckersirup, Whisky und frischen, gut zerdrückten Minzenblättchen etwa drei viertel voll in Gläser. Schichten Sie darüber bis zum Rand zerkleinertes Eis, das Sie mit Whisky aufgießen und mit Minzenblättchen verzieren.

Ein leckeres Dessert ist ein erfrischender Minzquark. Schlagen Sie dafür hundert Milliliter Sahne steif und fügen Sie zum Schluss je einen Esslöffel Vollrohrzucker und fein gehackte Minzenblätter dazu. Mischen Sie fünfhundert Gramm Magerquark mit einem halben Teelöffel gemahlener Vanille und drei Esslöffel Aprikosenkonfitüre und ziehen Sie dann vorsichtig die Minzsahne unter. Gut gekühlt servieren.

Brunnenkresse

Nasturtium officinale wächst wild an Bachläufen. Ihre würzige Schärfe verrät die enge Verwandtschaft mit Rettich und Meerrettich. Der Miniteich vor der Kräuterspirale bietet die einmalige Chance, diesen gesunden Wasserbewohner in den eigenen Garten zu holen und dessen kulinarisches Spektrum damit enorm zu erweitern. Das leckere Kraut ist nämlich in Läden und auf Märkten oft nur schwer aufzutreiben, und ein wirklich sauberer Bachlauf mit einer guten Kressestelle ist auch nicht überall leicht zu finden. Jetzt brauchen wir jedoch zum Ernten nur bis zu unserer Spirale zu gehen.

Junge Brunnenkresseblätter kann man laufend ernten. Am besten und aromatischsten sind sie jedoch im zeitigen Frühjahr, was gut zu ihrer traditionellen Verwendung als Teil einer vitaminreichen Frühjahrskur passt. Leider eignen sich die Blätter nicht zum Trocknen, sollten also stets frisch verwendet werden.

Lecker schmeckt ein Salat aus grob gehackter Brunnenkresse und Rapunzel (Feldsalat) mit einem Dressing aus Sojasauce, Olivenöl und Balsamico-Essig. Brunnenkresseblätter passen außerdem gut zu Kopf-, Gurken-, Tomaten- oder Kartoffelsalat, Quark, Omeletts, Rühreiern und Sandwiches. Da sie schnell welken, sollten sie immer ganz frisch auf den Teller kommen. Wie so oft führt deshalb der letzte Gang vor dem Essen noch einmal zu unserer Küchenkräuterspirale.

Der Miniteich

Für die Brunnenkresse sollten Sie, wie auch bei der klassischen Kräuterspirale vorgesehen, am Fuß Ihrer Küchenkräuterspirale eine kleine Wasserstelle anlegen. Am einfachsten gelingt dies, wenn Sie einen alten Mörtelkübel, eine spezielle Teichwanne aus dem Gartencenter oder ein Stück Teichfolie benutzen. Kübel oder Wanne werden in den Boden eingegraben, für eine Wasserstelle mit Folie sollten Sie ein etwa achtzig Zentimeter breites und vierzig Zentimeter tiefes Loch graben und dieses mit der Folie auslegen.

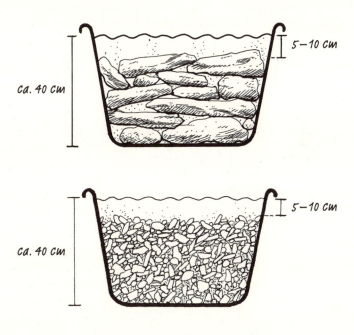

Mit horizontal eingeschichteten Steinen oder Kies aufgefüllter Teich

Die Küchenkräuterspirale

Ein möglichst flaches Ufer sorgt dafür, dass Tiere (z. B. Igel), die nach Wasser suchen, nicht in ein tiefes Loch fallen, aus dem sie nicht wieder herauskommen. Eine Kapillarwirkung durch ein flaches Ufer aus Erde oder Sand sollten Sie allerdings vermeiden, da sie die Feuchtigkeit aus dem Miniteich zieht und ihn immer wieder trockenlegt. Füllen Sie Ihren kleinen Teich deshalb lieber, wie in den Abbildungen auf Seite 61 zu sehen, bis auf einen oberen Rand von etwa fünf bis zehn Zentimetern mit Kies oder horizontal eingeschichteten Steinen aus. Die Einschichtung der Steine können Sie geschickt mit dazu nutzen, die Plastikwanne zu kaschieren. Kies oder Steine dürfen allerdings nicht kalkhaltig sein, da dies den fadenartigen Algenbewuchs fördern würde. Und denken Sie daran, das Wasser in Trockenzeiten regelmäßig nachzufüllen.

Die Brunnenkressepflanzen setzen Sie am besten ganz nah ans Ufer, sodass sie festen Boden unter den Füßen, mit den Blättern aber Kontakt zum Wasser haben. Mit ein wenig Glück überziehen sie dann bald die gesamte Wasserfläche.

> **Variation: Kräuter zum Trinken**
> Außer zur Verfeinerung diverser Speisen sind viele Kräuter natürlich auch für die Zubereitung aromatischer Kräutertees geeignet. Mit einer Teekräuterspirale sind Sie um Nachschub nie verlegen, können im Sommerhalbjahr Ihre Kräuter frisch überbrühen und sich für die kalten Monate entsprechende Wintervorräte trocknen.

Die Teespirale
(mit Kräutern, die sich zur Teezubereitung eignen)

Pflanze	Botanischer Name	Spiralen-Standort	Besonderheiten
Ananassalbei	Salvia rutilans	1	im Kübel, nicht winterhart
Anisagastache (Anisysop)	Agastache anisata	4	
Griechischer Bergtee	Sideritis syriaca	3	
Johanniskraut	Hypericum perforatum	2	
Kretamelisse	Melissa officinalis ssp. altissima	6	treibt Ausläufer
Salbei	Salvia officinalis	1	
Spearmint	Mentha spicata	5	treibt Ausläufer
Zitronenverbene	Aloysia triphylla	2	im Kübel, nicht winterhart
Zitronenkatzenminze	Nepeta cataria ssp. citriodora	3	
Zitronenthymian	Thymus citriodorus	4	

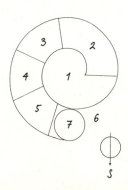

Die Blütenspirale

Schönheit, Grazie und liebliches Aroma stehen in diesem Kapitel im Vordergrund, dreht es sich doch um eine Spiralenbepflanzung, die alle Sinne – vor allem aber Augen und Gaumen – erfreut.

Als hübsche Farbtupfer verschönern und beleben Blütenspiralen selbst kleinste Gärten, wo sie auf engem Raum ein wahres Potpourri an prächtigen Blüten entfalten. Sie passen aber auch ebenso in üppige Bauerngärten, ergänzen dort das Farbspektrum auf besonders reizvolle Weise. Einfarbig bepflanzt schließlich verleihen sie selbst streng durchstrukturierten Gartenanlagen zusätzliche Akzente und formvollendete Eleganz.

Natürlich können Sie Ihre Blütenspirale ganz nach Ihren eigenen Vorlieben gestalten. Vielleicht möchten Sie die Spirale als effektvolle Bühne für Ihre Lieblingsblumen nutzen? Oder Sie wählen die Zusammenstellung passend zu den übrigen Farben in Ihrem Garten aus? Da sie der klassischen Kräuterspirale mit ihren Würz-, Heil- und Küchenkräutern am nächsten kommt, haben wir für dieses Kapitel eine Bepflanzung aus-

gewählt, bei der sich die hübschen Blüten nicht nur bewundern und bestaunen, sondern allesamt auch in der Küche verwenden lassen. Als Alternativvorschläge finden Sie bei den Variationen dann noch Pflanzenlisten für je eine weiße, eine blaue und eine orange-rote Blütenspirale.

Dass sich getrocknete Blüten zu Tee aufbrühen lassen, wissen wir alle – man denke nur an Kamillen-, Linden-, Holunder- oder Hibiskustee. Weniger bekannt ist, dass viele Blüten in frischem Zustand ebenfalls essbar sind und sich nicht nur zum Dekorieren vieler Speisen eignen, sondern diesen auch ein ganz besonderes Aroma und darüber hinaus viele gesunde Inhaltsstoffe verleihen. Auf diese Weise können wir uns einen Teil der Blütenpracht aus dem Garten auf den Teller holen, können Dekoratives in Genießbares verwandeln. Essbare Blüten sind eine farbenfrohe Bereicherung für jede Küche.

Pflücken Sie aber bitte nur voll erblühte Blumen, also keine Knospen (mit Ausnahme von Taglilien) und auch keine angewelkten Blätter, die leicht bitter schmecken. Verwenden Sie in der Küche ausschließlich Blüten in Bioqualität. Untersuchen Sie die Blüten sorgfältig auf Insekten, brechen Sie bei den großen Blüten Griffel und Staubgefäße heraus, spülen Sie sie gründlich mit Wasser aus und tupfen Sie sie trocken. Einige Stunden lassen sie sich so zwischen feuchtem Küchenkrepp im Kühlschrank aufbewahren.

Apropos Kühlschrank: In fruchtigen Getränken sind Eiswürfel mit eingeschlossenen Kräuterblüten z. B. von Ysop, Borretsch oder Salbei sehr dekorativ. Legen Sie die Blüten in den Eiswürfelbereiter, gießen Sie mit Wasser auf – und bei der nächsten Party wird der Überraschungseffekt ganz auf Ihrer Seite sein.

Am besten schmecken die Blüten natürlich frisch in Salaten, Quarkspeisen oder Pfannkuchen. Ähnlich wie bei den Gewürzkräutern lässt sich das Aroma essbarer Blüten aber auch in Lebensmitteln konservieren. Probieren Sie z. B. einmal Blütenbutter. Dazu werden zwei Esslöffel frische Blüten fein gehackt und mit achtzig bis hundert Gramm weicher Butter vermischt. Je nach persönlichem Geschmack mit Zitronensaft, Salz, Pfeffer oder gehackten Schalotten abschmecken – köstlich auf Brot oder Waffeln und im Kühlschrank etwa eine Woche haltbar. Je nachdem, ob Sie z. B. Ringelblumen, die Blüten von Schnittlauch, Fenchel, Kapuzinerkresse oder Feldstiefmütterchen verwenden, erhält die Butter einen ganz besonderen, reizvollen Geschmack.

Aus süßlich schmeckenden Blumen können Sie auch ein Gelee herstellen, indem Sie die Blüten auskochen, abseihen und die gewonnene Flüssigkeit wie Saft weiterverwenden. Rosengelee ist wohl am bekanntesten, aber auch Anisysop, Ananassalbei, Flieder und Duftpelargonien sowie die Blüten von Apfel- oder Pflaumenbäumen sind lohnende Kandidaten zum Experimentieren. Alle diese Blüten lassen sich auch sehr gut in Roh-Rohrzucker einlegen, der dadurch ein ganz feines, liebliches Aroma erhält.

Zu den beliebtesten Köstlichkeiten gehören aber kandierte Blüten oder Blütenblätter. Von unserer Blütenspirale sind dafür Borretsch- oder Feldstiefmütterchenblüten besonders geeignet. Probieren Sie es aber auch einmal mit Rosen, Flieder oder Duftpelargonien. Schlagen Sie ein mit wenigen Tropfen Wasser vermischtes Eiweiß so lange, bis sich erste Blasen zeigen, und halten Sie ein Schälchen mit möglichst feinem Zucker bereit. Bestreichen Sie eine sorgfältig gewaschene und trockengetupfte Blüte mit Hilfe eines sauberen, kleinen Malpinsels mit dem Eiweiß, halten Sie sie dann über das Zuckerschälchen und bestreuen Sie sie mit einem Teelöffel von beiden Seiten mit dem Zucker. Auf einem Bogen Backpapier können die kandierten Blüten trocknen, bis sie als originelle Kuchenverzierung oder als edle Knabberei beim Nachmittagstee zum Einsatz kommen.

Steckbrief: **Blütenspirale**
Standort: sonnig bis halbschattig
Substrat: normaler Gartenboden
Bepflanzung: Pflanzen, deren Blüten zur Dekoration von Speisen verwendet werden können

Die Blütenspirale

Pflanze	Botanischer Name	Spiralen-Standort	Blütezeit / Besonderheiten
Borretsch	*Borago officinalis*	5	Mai – Nov. / einjährig
Feldstiefmütterchen	*Viola tricolor*	2	Mai
Fenchel	*Foeniculum vulgare*	4	August
Gänseblümchen	*Bellis perennis*	2	Mai – Sept.
Kapuzinerkresse	*Tropaeolum majus*	6	Sept. – Okt. / rankend
Wilder Majoran	*Origanum vulgare*	3	Juli – Sept.
Ringelblume	*Calendula officinalis*	5	Juli – Nov. / einjährig
Salbei	*Salvia officinalis*	1	Juni – Juli
Schnittlauch	*Allium schoenoprasum*	1	Juni – Juli
Taglilie	*Hemerocallis x hybrida*	3	Juli – Aug.

Bauen

Aufgefüllt wird die Blütenspirale einheitlich mit ganz normalem Gartenboden, wobei Sie darauf achten sollten, dass das Material nicht zu lehmig ist. Eine gewisse Wasserdurchlässigkeit muss gegeben sein, da die Erde sonst, wenn sie zu viel Wasser hält und im Winter friert, stark nach außen drückt und die Trockenmauer möglicherweise zum Einsturz bringt. Bei sehr schwerem Boden sollten Sie deshalb im unteren Bereich etwas Sand und im oberen Bereich etwas Schotter einarbeiten. Auch der Salbei braucht etwas kalkhaltigen Schotter im Pflanzloch. Ansonsten ist Ihre normale Gartenerde völlig ausreichend. Beim Bauen können Sie sich ansonsten an der klassischen Kräuterspirale orientieren (siehe Seite 11).

Bei der Blütenspirale spielen Farben eine zentrale Rolle. Rosenkugeln, die die Farben der Blüten aufgreifen, spiegeln und ergänzen, sind deshalb ein besonders geeigneter Spiralenschmuck. Probieren Sie aus, wo Sie sie ganz nach Ihrem persönlichen Geschmack auf die Blütenspirale stecken oder legen möchten.

Pflanzen

Nach dem Befüllen der Spirale sollten Sie einige Regengüsse abwarten, bis sich die Erde gesetzt hat, und eventuell noch einmal nachfüllen.

Da für die Bepflanzung der Blütenspirale neben mehrjährigen auch einige einjährige Pflanzen wie Borretsch und Ringelblume vorgesehen sind, müssen Sie ausreichende Flächen zum Aussäen dieser Pflanzen freilassen. Stellen Sie die pflanzfertigen Kräuter noch mit ihren Töpfen auf die vorgesehenen Plätze und überprüfen Sie die einzelnen Standorte und Abstände. Dabei ist vor allem darauf zu achten, dass niedrige Pflanzen wie Gänseblümchen und Feldstiefmütterchen zum Rand der

Pflanzschema:

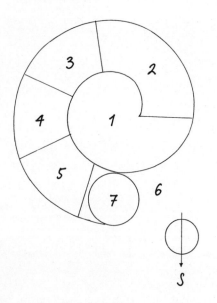

1 – Schnittlauch, Salbei
2 – Gänseblümchen, Feldstiefmütterchen
3 – Taglilie, Wilder Majoran
4 – Fenchel
5 – Borretsch, Ringelblume
6 – Kapuzinerkresse
7 – Zwergseerose

Spirale hin zu stehen kommen und von ihren starkwüchsigen Nachbarn möglichst nicht bedrängt werden.

Sind die mehrjährigen Kräuter und Blumen gepflanzt, werden die für Borretsch und Ringelblumen vorgesehenen Stellen glatt gestrichen, mit Samen bestreut und mit feinkrümeligem Kompost leicht abgedeckt. Ausgepflanzte wie ausgesäte Pflanzen müssen nun regelmäßig gewässert werden. In der Regel erweisen sich aber sowohl Borretsch als auch Ringelblumen als unkomplizierte Keimer, die im Gegenteil später stets im Zaum gehalten werden müssen, damit sie sich mit ihren neu gebildeten Samen nicht über die gesamte Spirale ausbreiten.

Die Kräuter im Einzelnen

Schnittlauch

Das genügsame Zwiebelgewächs *Allium schoenoprasum* kennen wir bereits von der Küchenkräuterspirale (siehe Seite 54). Auf den meisten Kräuterbeeten werden Schnittlauchstängel regelmäßig kurz geschoren, damit sie kräftig nachtreiben und in Form fein gehackter Röllchen Quarkspeisen, Salate und Eierspeisen mit ihrem feinen, zwiebeligen Aroma würzen. Lassen wir die Stängel wachsen, bilden sich schon bald im Frühjahr die hübschen blasslila Blüten, die auf den ersten Blick an flauschige Bommeln erinnern und bei genauerem Hinsehen aus lauter kleineren Blüten bestehen. Schneiden Sie immer nur einen Teil der Schnittlauchpflanze ab, treibt sie neue Stängel und Blüten nach. Auf diese Weise können Sie die Ernte peu à peu über den ganzen Sommer ziehen.

Am knackigsten sind Schnittlauchblüten, wenn sich die lila Blütenstände gerade zu öffnen beginnen. Sie haben den gleichen scharfen Geruch und Geschmack wie die gehackten Blätter und bilden hübsche Farbtupfer auf Salaten, Suppen und kalten Platten. Darüber hinaus können Sie mit Schnittlauchblüten in der Küche frei experimentieren. Servieren Sie zum nächsten Gemüsefondue doch einmal frische Schnittlauchblüten mit Stängel. Die Blüten werden kurz in der Gemüsebrühe gegart, in einen Dip aus Sojasauce und geriebenem Ingwer

Die Blütenspirale

getaucht und von den Stängeln geknabbert. Zupfen Sie vorsichtig die kleinen Blütenblätter aus den Schnittlauchblüten und mischen Sie sie in eine Kräuterbutter. Oder backen Sie die ganzen Blüten in Bierteig aus – der kulinarischen Fantasie sind keine Grenzen gesetzt!

Salbei

Nicht nur im Kreis der Mittelmeerpflanzen oder bewährter Heilkräuter, sondern auch auf der Blütenspirale macht *Salvia officinalis* eine gute Figur. Die rosa- bis lilafarbenen, essbaren Blüten sehen toll aus und sind eine Bereicherung für die kreative Küche. Echte Salbeifans kultivieren gleich mehrere Arten, um sich von Mai bis November an den verschiedensten Blütenfarben und Salbeiaromen erfreuen zu können. Wohlklingende Namen wie »Pfirsichsalbei«, »Samtsalbei« und »Muskatellersalbei« machen auf derlei Experimente Appetit.

Salbeiblüten lassen sich, wie bereits erwähnt, mit Wasser in Eiswürfelbehältern einfrieren und als äußerst dekorative »Kühlakkus« in erfrischenden Drinks einsetzen. Kosten Sie außerdem einen mit Zitronensaft und Olivenöl angemachten Salat aus Fenchel, Apfelsine, Gurke und Eisbergsalat, unter den Sie vier Esslöffel Salbeiblüten ziehen. Versenken Sie beim nächsten Geleekochen einen Stängel Salbei mit Blättern und Blüten im Apfelgelee – das sieht schön aus und sorgt für ein feinherbes Aroma. Oder tauchen Sie Salbeistängel mit Blättern und Blüten in einen Bierteig und backen Sie sie knusprig aus. Ein attraktiverer Appetizer als Einstieg zu einem festlichen Sommermenü lässt sich kaum vorstellen.

Gänseblümchen

Bellis perennis kennen wir als weit verbreitete Rasenpflanze. Meist haben wir uns an die weißen bis hellrosa Tupfer im grünen Gras schon so gewöhnt, dass wir die zarte Blume in ihrer Schönheit kaum noch wahrnehmen und gebührend würdigen. Dabei ist sie mit ihren tiefgrünen Blättern und wie von dichten, weißen Wimpern umstandenen gelben Blütenkörben nicht nur wunderhübsch, sondern wirkt auch blutreinigend, schleimlösend und wassertreibend und agiert in der Küche als wertvolle Nahrungsergänzung. Vor allem im zeitigen Frühjahr, wenn das pflanzliche Vitamin- und Nährstoffangebot im Garten noch nicht so breit gefächert ist, sorgen Gänseblümchenblätter und -blüten in Suppen und Salaten für Abwechslung und fröhliche Verzierung.

Die Blätter schmecken am besten noch ganz zart und jung im Frühling, die Blütenköpfe können von April bis September geerntet werden. Gemeinsam mit Scharbockskraut und Sauerampfer fein gehackt, mit Zwiebelwürfeln in etwas Olivenöl angebraten, unter leichten Frischkäse gemengt und mit Salz, Pfeffer und Zitronensaft abgeschmeckt, ergeben sie einen köstlichen Brotaufstrich. Unter einen Kopf grünen, mit Öl, Zitronensaft, Salz und Pfeffer angemachten Salat mischt man zwei Esslöffel gehackte Gänseblümchenblätter und bestreut die fertige Erfrischung mit den weißgelben Blüten. Zarte, junge Löwenzahnblätter sind eine gesunde Ergänzung zu diesem Frühlingssalat.

Aus den Knospen des Gänseblümchens kann man übrigens eine an Kapern erinnernde Beilage herstellen: Man legt die Blütenknospen vierundzwanzig Stunden in Salzwasser ein, spült sie kurz mit heißem Wasser ab, übergießt sie mit Apfelessig und lässt sie in fest verschlossenen Gläsern etwa zwei Wochen ziehen.

Bestimmt fallen Ihnen im nächsten Frühjahr noch viele andere Verwendungsmöglichkeiten für die hübschen Blüten ein!

Feldstiefmütterchen

Viola tricolor, »Feldstiefmütterchen«, »Ackerveilchen« oder »Wildes Stiefmütterchen« genannt, ist die kleinwüchsige Verwandte der allseits beliebten Balkonkasten- und Rabattenpflanze mit stärkerer Heilkraft und würzigerem Aroma. In der Pflanzenheilkunde wird sie als Tee oder Tinktur bei Akne, Hautekzemen, Milchschorf und als Blutreinigungsmittel verwendet.

Im Frühling und im Herbst ist beim Feldstiefmütterchen Hauptsaison. Wer regelmäßig Blüten pflückt, regt das Nachtreiben weiterer Blüten an. Pflücken Sie sie möglichst bald nach dem Aufblühen und verwenden Sie sie frisch oder kandiert als Verzierung für Kuchen, Pudding oder Eis.

Aber auch auf einem Kartoffelsalat oder einem herzhaften Pastagericht aus bunten Nudeln mit rotem, gelbem und grünem Paprika wirken die Blüten äußerst dekorativ. Und ein an einem sonnigen Platz zwei bis drei Wochen mit einigen Hand voll Stiefmütterchenblüten durchgezogener und abgeseihter Weinessig verleiht Salaten eine besondere Würznote.

Füllen Sie auch einmal Crêpes mit Schlagsahne, unter die Sie Vanillezucker und eine Handvoll Blütenblätter heben, und verzieren Sie die zugeklappten Crêpes mit einer besonders schönen Blüte. Wenn Sie frische Blüten mit kochendem Wasser übergießen, über Nacht stehen lassen, abseihen, die Flüssigkeit mit reichlich Roh-Rohrzucker erwärmen und in dunkle Flaschen füllen, erhalten Sie einen Sirup, der mit Zitronensaft und Wasser ein sehr erfrischendes Getränk ergibt. Genießen Sie es auf der Gartenbank in Sichtweite Ihrer Blütenspirale und erfreuen Sie sich an dem wechselvollen Spiel der herrlichen Blütenfarben.

Taglilie

Der Gattungsname *Hemerocallis* leitet sich von den griechischen Wörtern *hemera* (= Tag) und *kallos* (= Schönheit) ab, was wohl mit der kurzen Blühdauer der einzelnen Blüten zusammenhängt: Sie öffnen sich morgens und schließen sich noch am Abend desselben Tages wieder. Da sich an einem Blütenstand aber bis zu zwanzig oder noch mehr Blüten befinden, kann die Blühdauer insgesamt bis zu sechs Wochen anhalten – reichlich Zeit, um auch die kulinarischen Vorzüge der grazilen »Tagesschönheit« zu erkunden.

Wegen ihrer großen, eindrucksvollen Blüten ist die Taglilie als Zierpflanze sehr beliebt. In vielen Ländern haben sich die Liebhaberinnen und Liebhaber dieser Pflanzengattung sogar in Vereinen organisiert. Die noch ungeöffneten Knospen (die Sie ernten sollten, wenn Sie noch nicht länger als vier bis fünf Zentimeter lang sind) schmecken gedünstet oder gebraten wie eine interessante Mischung aus Spargel und Zucchini. Probieren Sie sie in verschiedenen Pfannengerichten, z. B. mit Bandnudeln und Austern- oder Shiitakepilzen.

Wilder Majoran

Vom *Origanum vulgare* sind nicht nur die Blätter vielseitig als Küchenkraut zu verwenden. Auch die kleinen Blüten haben ein köstliches, süßlich würziges Aroma und passen wunderbar zu Käse, Gemüsegerichten,

Pizza, Pasta und Salaten. Ernten Sie den ganzen Blütenstand, waschen Sie ihn sorgfältig und tupfen Sie ihn vorsichtig trocken. Anschließend können Sie die einzelnen Blüten von den Stängeln zupfen.

Streuen Sie sie großzügig über einen saftigen Tomatensalat. Häufen Sie einen Teelöffel Blüten in die Mitte eines jeden Tellers Maiscremesuppe. Legen Sie, um einen feinwürzigen, herrlich rosafarbenen Essig zu bekommen, frische Majoranblüten in Weißweinessig ein.

Oder belegen Sie eine Pizza mit Ziegenfrischkäse, eingelegten Trockentomaten und frischen Majoranblüten. Mit ein wenig Experimentierfreude werden Sie bald ganz von selbst auf viele weitere Rezeptideen kommen.

Fenchel

Die kleinen gelben Blüten des *Foeniculum vulgare* verströmen ebenso wie die Samen ein feines, anisartiges Aroma, das sich in der Küche wunderbar nutzen lässt. Ernten Sie den ganzen Blütenstand und zupfen Sie nach dem Säubern vorsichtig die kleinen Blüten ab.

Mein Hit sind Blumenkohlröschen, die in einer mit Tomatenmark und Olivenöl verrührten und mit reichlich Fenchelblüten gewürzten Gemüsebrühe gegart werden, bis sie so richtig lecker rosa aussehen. Sehr gut ist ein mit Fenchelblüten bestreuter Kartoffelsalat mit Artischockenherzen. Geben Sie die süßlich aromatischen Blüten aber auch einmal in einen Apfelkuchen oder in Apfelgelee.

Borretsch

Die quietschblauen Blüten des *Borago officinalis* gehören zu den Klassikern der essbaren Blüten. Als Verzierung auf Salaten, Quarkspeisen und Desserts machen sie gleichermaßen viel her.

Borretsch blüht vom Frühjahr bis zum ersten Frost. Er ist einjährig und muss deshalb zuerst ausgesät werden. Anschließend neigt er dazu, ganz von selbst kräftig auszusamen, sodass man regelmäßig nachschauen muss, ob die vielköpfige Nachkommenschaft auch nicht überhandnimmt. (Zum Glück ist sie an den großen Keimblättern leicht zu erkennen.) Im nächsten Frühjahr sollte man zunächst abwarten, wo junge Borretschpflanzen nachwachsen, die man an den silbrig hell-

Die Blütenspirale

grünen, fleischigen und stark behaarten Blättern gut erkennen kann. Sobald sie etwas kräftiger sind, kann man sie dann leicht an die Stelle umsetzen, an der man sie haben will.

Die Blüten lassen sich problemlos an Ort und Stelle von der Pflanze abziehen. (Das behaarte Kelchblatt sollte dabei zurückbleiben.) Die Verwendungsmöglichkeiten sind schier unbegrenzt. Lassen Sie die Blüten auf einer Erdbeerbowle schwimmen, setzen Sie sie als blaue Farbtupfer auf Gurken- oder Bohnensalate, Pastagerichte, Kompott, Obstsalat, Pudding, Käsekuchen oder weiße Dips. Eine besondere Spezialität sind mit Eiweiß und Zucker kandierte Borretschblüten, die Sie als Verzierung edler Sahnetorten nutzen, aber auch als exquisite Knabberei pur servieren können. Schauen Sie selbst, was Ihnen am besten schmeckt.

Ringelblume

Über die vielfältigen Heilwirkungen von *Calendula officinalis* haben wir im Zusammenhang mit der Heilkräuterspirale schon einiges gehört. Neuere Forschungen zeigen, dass die Blüten reichlich Carotinoide enthalten. Diese bioaktiven Pflanzenstoffe können vor Herz- und Kreislauferkrankung und Krebs schützen. Es lohnt sich also nicht nur aus optischen Gründen, sie öfter mal in den grünen Salat zu mischen!

Um die Blüten in der Küche verwenden zu können, zupfen Sie die gelben oder orangefarbenen Blütenblätter von den Blüten. (Die grünen Teile bleiben zurück.) Die farbenfrohen Blätter machen sich prächtig in jedem Salat und peppen eher »blasse« Gerichte wie Reis, Dips, Cremesuppen, Käsegerichte und Brotaufstriche auf. Die Blütenblätter schmecken leicht pfeffrig. Mit Knoblauch und Dill ergeben sie einen guten Kräutermix zum Würzen gedämpfter Gemüse wie Möhren, Brokkoli, Blumenkohl oder Rosenkohl.

Für alle, die keine Eier essen, ist der selbst gemachte Ei-Ersatz auf Calendula-Basis sicher interessant. Mit drei bis vier Esslöffel dieser Masse können Sie in allen Teigzubereitungen für Kuchen, Brote, Pfannkuchen oder Waffeln je ein Ei ersetzen. Überbrühen Sie einen Esslöffel orangefarbene Calendulablütenblätter mit einer Tasse kochendem Wasser und lassen Sie sie zugedeckt etwa fünf Minuten ziehen, bis die Flüssigkeit gelb ist. Seihen Sie die Flüssigkeit ab, streuen Sie einen Esslöffel hellen Leinsamen hinein, bringen Sie sie zum Kochen und lassen Sie sie etwa drei Minuten köcheln, bis sie etwas eingedickt ist. Zum Schluss mit dem Pürierstab pürieren, nochmals abseihen und vor der weiteren Verwendung mindestens fünfzehn Minuten abkühlen lassen. Im Kühlschrank ist der Ei-Ersatz bis zu zwei Wochen haltbar.

Kapuzinerkresse
Tropaeolum majus ist einjährig, muss also im Frühjahr ausgesät werden, und rankt sehr stark, sodass sie am besten am Fuß der Kräuterspirale zu stehen kommt, von wo aus sie ihre Ranken sehr dekorativ sowohl die Spirale hinauf als auch in den Garten hinaus aussenden kann. (Falls Sie dies nicht wünschen, können Sie sich für eine nicht rankende Sorte entscheiden.) Oft sät sie sich für das Folgejahr selbst aus, sodass es sich lohnt, abzuwarten, ob die typischen tellerrunden Blätter mit ihren sternförmigen Blattachsen irgendwo zum Vorschein kommen. Haben sie sich gekräftigt und sind sie etwas weiter ausgetrieben, lassen sich die Jungpflanzen problemlos versetzen.

Bis zum ersten Frost treibt die Kapuzinerkresse laufend wunderschöne, grazile, hellgelbe bis dunkelrote Blüten, die herrlich würzig schmecken und zu vielen Salaten und Gemüsegerichten vorzüglich passen. Da sie wertvolle, antibiotisch wirkende Substanzen enthalten, sind sie außerdem äußerst gesund. Aus den Blütenknospen lässt sich ein leckerer Kapernersatz herstellen. (Knospen mit Salz bestreuen, einen Tag ziehen lassen, abtrocknen, in Gläser füllen und mit Essig übergießen.)

Nutzen Sie die Kapuzinerkresseblüten großzügig zur Verzierung von fertigen Speisen und kalten Platten. Legen Sie aus den Blüten und verschiedenen bunten Gemüsesorten wie Tomaten, Staudensellerie, gelbem, rotem und grünem Paprika oder Möhren auf einem runden Teller ein essbares Mandala aus. Füllen Sie die attraktiven, großen Blüten mit Ziegenfrischkäse und backen Sie sie in Bierteig aus. Oder füllen Sie Kapuzinerkresseblüten mit Avocadocreme.

Die Blütenspirale

Der Miniteich

Der für den Miniteich vorgesehene, runde Platz am Fuß der Spirale gibt Ihnen die Möglichkeit, das Thema »attraktive Blüten« noch einmal aufzugreifen. Falls Sie keinen Teich anlegen wollen, können Sie eine möglichst große, flache Wasserschale aufstellen, in der Sie jeweils einige der schönsten Blumen, die gerade in Ihrem Garten blühen, schwimmen lassen. Vor allem üppige Blüten, z. B. von Rosen oder Pfingstrosen, sind optisch eine wunderbare Ergänzung zur Blütenspirale.

Für einen Miniteich am Fuß der Blütenspirale empfehlen sich Zwergseerosen, die schon mit einem Wasserstand von zehn bis dreißig Zentimetern auskommen und die es mit gelben, weißen und weißrosafarbenen Blüten gibt (z. B. *Nymphaea pygmaea ‚Rubra', Nymphaea candida* oder *Nymphaea tetragona).* Graben Sie zunächst ein entsprechend großes, rundes Loch und legen Sie es mit Gartenvlies und Teichfolie aus (eine Sandschicht darunter zum Schutz der Folie nicht vergessen) oder setzen Sie einen Plastikkübel ein. Junge Seerosen können Sie in Gärtnereien und Gartencentern kaufen. Lassen Sie sie aber gar nicht erst lange (und schon gar nicht in der Sonne!) liegen, sondern pflanzen Sie sie möglichst bald in einen seitlich durchbrochenen Pflanzkorb aus Weide oder Plastik. Schlagen Sie dafür den Korb mit einem Stück Jutetuch aus und füllen Sie ihn mit einer Mischung aus nährstoffarmer Humuserde und Sand auf. Nun setzen Sie die Seerosenpflanze so tief ein, wie sie zuvor in der Gärtnerei gestanden hat, schlagen das Jutetuch rund um die Pflanze zusammen, beschweren es anschließend mit einem Stein und setzen den Pflanzkorb in den zukünftigen Miniteich. Beim Fluten mit Wasser müssen Sie vorsichtig sein, damit die Erde nicht herausgeschwemmt wird. Und schon bald schwimmen auf der Wasserfläche unterhalb Ihrer Spirale dunkelgrüne Blätter und prächtige Seerosenblüten.

> **Variationen: Farbspiralen**
> Inspiriert von den »weißen Gärten«, »roten Beeten« und »blauen Rabatten« begnadeter englischer Gärtnerinnen haben wir je eine Spirale mit weiß-, rot/orange- und blaublühenden Pflanzen für Sie zusammengestellt.

Die weiße Spirale

Pflanze	Botanischer Name	Spiralen-Standort	Blütezeit
Christrose	*Helleborus niger*	3	Februar
Dichternarzisse	*Narcissus poeticus*	3	Mai
Gänsekresse	*Arabis caucasica*	2	April
Weiße pfirsichblättrige Glockenblume	*Campanula persicifolia alba*	1	Juni
Herbstaster	*Aster novae-angliae 'Herbstschnee'*	5	Oktober
Knolliger Lauch	*Allium tuberosum*	3	September
Märzenbecher	*Leucojum vernum*	4	März
Weißer Sandthymian	*Thymus serphyllum album*	2	Juni
Schafgarbe	*Achillea millefolium*	3	August
Silberkerze	*Cimicifuga simplex 'White Pearl'*	4	Oktober
Weißer Sonnenhut	*Echinacea purpurea 'White Swan'*	2	Oktober
Steppensalbei	*Salvia nemorosa alba*	1	Juli

Die blaue Spirale

Pflanze	Botanischer Name	Spiralen-Standort	Blütezeit
Bergflockenblume	*Centaurea montana*	2	Mai
Chinesische Bleiwurz	*Ceratostigma plumbaginoides*	5	September

Die Blütenspirale

Duftveilchen	*Viola odorata L.*	3	März
Blaue Edeldistel (Flachblättrige Mannstreu)	*Eryngium planum [L.]*	3	August
Glattblattaster	*Aster novi-belgii 'Dauerblau'*	6	Oktober
Pfirsichblättrige Glockenblume	*Campanula persicifolia*	1	Juni
Kaukasus-vergissmeinnicht	*Brunnera macrophylla*	4	April
Rittersporn	*Delphinium belladonna*	5	Juni
Staudenlein	*Linum perenne*	1	Juli
Zwiebelschwertlilie	*Iris reticulata [M. B.]*	2	März

Die rote und orangefarbene Spirale

Pflanze	Botanischer Name	Spiralen-Standort	Blütezeit
Rote Raublattaster	*Aster novae-angliae 'Alma Pötschke'*	5	September
Scharlachrote Nelkenwurz	*Geum coccineum*	4	Mai
Gartensauerampfer	*Rumex rugosus*	6	August
Kreuzkraut	*Ligularia dentata 'Orange Queen'*	6	August–September
Rote Schafgarbe	*Achillea millefolium 'Fanal'*	2	Juni–August
Spornblume	*Centranthus ruber*	1	Juli
Orangefarbene Taglilie	*Hemerocallis 'Orange'*	3	Juni

Die Schmetterlingsspirale

Man nennt sie auch die »Edelsteine der Luft«, die bunten Falter, die bei Sonnenschein von einer Blüte zur nächsten flattern. Und tatsächlich sind sie kostbare Gartengäste, durch die Wirtschaftsinteressen der Menschen und die damit verbundene Einschränkung ihres Lebensraumes in ihrer Existenz bedroht.

Dabei gibt es kaum andere frei lebende Tiere, die beim Menschen so viele positive Gefühle wecken wie die Schmetterlinge. Wir bewundern ihr prächtiges Farbenkleid und haben für sie so wohlklingende Namen wie »Pfauenauge«, »Kaisermantel« und »Admiral« erfunden. Die Eleganz und Zartheit ihrer Flügel lässt uns ahnen, wie dicht Schönheit und Verletzlichkeit beisammen wohnen. Die Leichtigkeit, mit der sie von Blüte zu Blüte tanzen,

Die Schmetterlingsspirale

weckt in uns Träume von Freiheit. Und wenn wir frisch verliebt sind, sagen wir, wir haben »Schmetterlinge im Bauch«.

Gründe gibt es also genug, um für die schillernden Luftakrobaten ein Refugium in unserem Garten zu schaffen. Eine mit geeigneten Nektarpflanzen bestückte Schmetterlingsspirale gibt uns dazu eine willkommene Gelegenheit. Steht dann noch eine gemütliche Gartenbank in der Nähe, haben wir gleich eine Naturbeobachtungsstation mit eingebaut, die besonders auch Kindern Freude macht. Während die älteren sich mit den Lebensgewohnheiten der Falter beschäftigen können, werden kleinere Kinder vor allem deren Farbenpracht und elegante Flugkünste bewundern. Und für die Jüngsten empfiehlt sich als Gartenbanklektüre »Die kleine Raupe Nimmersatt«.

Damit die Spirale in unserem Garten zum Schmetterlingsmagneten werden kann, müssen wir bei der Auswahl blühender Pflanzen vor allem solche berücksichtigen, die Nektar für die verschiedenen Schmetterlingsarten bilden und durch Duft und Farbe die bunten Falter als Blütengäste auf die Spirale locken. Damit es aber überhaupt Schmetterlinge geben kann, brauchen wir auch Futterpflanzen für deren Raupen. In unsere Pflanzenliste haben wir deshalb die Wilde Möhre aufgenommen. Eine weitere sehr wichtige Futterpflanze für Schmetterlingsraupen ist die Brennnessel – daher auch der alte Spruch: »Wer Schmetterlinge liebt, lässt Brennnesseln stehen.«

Nun sind Brennnesseln nicht gerade die Lieblingspflanzen ordnungsliebender Gärtnerinnen und Gärtner. Doch kommt, wer Schmetterlinge im eigenen Garten fördern möchte, an einer Brennnesselecke nicht vorbei. Wichtig ist dabei zu beachten, dass nur die jungen Brennnesseltriebe von den Faltern zur Eiablage angeflogen und verholzte Pflanzen in der Regel links liegen gelassen werden. Aus diesem Grund sollte man die alten, blühenden Brennnesseln während des Sommers einmal mähen und das Schnittgut abräumen, damit sich frische Triebe bilden können.

Wer befürchtet, dass sich die Brennnesseln durch ihre unterirdischen Ausläufer im Garten zu stark ausbreiten und sich dann nur noch schwer wieder zurückdrängen lassen, kann bodenlose Plastikkübel oder -container eingraben und die Pflanzen dort hineinsetzen. Auf diese Weise gebändigt, können sie sogar im Staudenbeet oder in Spiralennähe stehen.

Zum Glück hat sich inzwischen bei vielen Gärtnerinnen und Gärtnern herumgesprochen, dass sich aus Brennnesseln biologisch sehr wirksame Kräuterjauchen herstellen lassen, die man zur Schädlingsabwehr und zur Stärkung von Nutz- und Blühpflanzen im Biogarten hervorragend einsetzen kann. Aber auch für schmetterlingsliebende Menschen sind Brennnesseln nicht nur genießbar, sondern auch äußerst gesund. Zur Versöhnung mit der vielleicht nicht überall gleich gelittenen Raupenfutterpflanze trägt z. B. eine schmackhafte Brennnesselsuppe bei. Dünsten Sie dazu dreihundert Gramm junge Brennnesselspitzen (beim Ernten Handschuhe nicht vergessen!) mit Zwiebeln und Knoblauch in Butter oder Margarine an. Fügen Sie dann noch drei geschälte und gewürfelte Kartoffeln und einen Liter Gemüsebrühe hinzu, lassen Sie das Ganze etwa zwanzig Minuten köcheln, pürieren Sie die Suppe und schmecken Sie sie mit Sahne, Salz und Pfeffer ab.

Machen Sie sich also selbst die größte Freude, indem Sie in Ihrem Garten die Voraussetzungen für ein artenreiches Schmetterlingsparadies schaffen. Mit ihrer reizvollen Bepflanzung bildet die Schmetterlingsspirale ein Blütenkaleidoskop mit nahezu magischer Anziehungskraft für die kleinen, flatterhaften Gesellen. Lassen Sie sich von den zarten Faltern verzaubern. Und wer weiß, vielleicht erleben Sie sogar den einen oder anderen Glücksmoment – so wie Hermann Hesse, der über einen blauen, durch seinen Garten »flügelnden« Schmetterling schrieb: »So mit Augenblickswinken, so im Vorüberwehn, sah ich das Glück mir winken, blitzen, flimmern, vergehn.«

Die Schmetterlingsspirale

Steckbrief: **Schmetterlingsspirale**
Standort: sonnig
Substrat: Kalkschotter oben, Gartenboden unten
Bepflanzung: Pflanzen, die Schmetterlinge anziehen

Pflanze	Botanischer Name	Spiralen-Standort	Besonderheiten
Bartnelke	*Dianthus barbatus*	5	zweijährig
Purpurfetthenne	*Sedum telephium*	1	
Gewöhnlicher Thymian	*Thymus pulegioides*	2	
Heidenelke	*Dianthus deltoides*	1	
Herbstaster (Neubelgische Aster)	*Aster novi-belgii*	4	niedrige Arten
Herbstaster (Neuenglandaster)	*Aster novae-angliae*	4	niedrige Arten
Lavendel	*Lavandula angustifolia*	3	
Wilder Majoran	*Origanum vulgare*	2	
Nachtkerze	*Oenothera biennis*	6	für Nachtfalter, zweijährig
Skabiosenflockenblume	*Centaurea scabiosa*	4	
Bergaster (Kalkaster)	*Aster amellus*	3	
Sumpfdotterblume	*Caltha palustris*	7	
Wilde Möhre	*Daucus carota*	6	Raupenfutterpflanze, zweijährig
Zwergschmetterlingsstrauch	*Buddleia davidii nana*	1	Kleinstrauch

Bauen

Beim Bau der Schmetterlingsspirale können Sie wie bei der klassischen Kräuterspirale (siehe Seite 11) vorgehen. Die Drainageschicht unter der Spirale wird allerdings nicht benötigt, sodass Sie das Gartenvlies direkt auf Ihrem Gartenboden auslegen können. Die innere Trockenmauer wird auf einem Kegel aus grobem, kalkhaltigem Bauschutt oder Kalkschotter mit feinen Nullanteilen aus einem Kalksteinbruch oder einem Garten- und Landschaftsbaubetrieb aufgesetzt. Zug um Zug wird in die langsam höher wachsende Spirale Gartenerde eingefüllt, der nach oben hin immer mehr Kalkschotter beigemischt wird. Im obersten Bereich wird reiner Kalkschotter verwendet.

Beetstecker mit Schmetterlingen aus Gusseisen, Bronze, Holz, Ton oder Glas und Schmetterlingsskulpturen aus Stein sind ein wunderbarer Schmuck, der auf den ersten Blick deutlich macht, worum sich auf dieser Spirale alles dreht.

Der Platz der Schmetterlingsspirale im Garten sollte so gewählt sein, dass Sie die bunten Gartengäste gut beobachten können. In der Nähe der Terrasse wäre sie deshalb in jedem Fall gut aufgehoben. Oder Sie schaffen sich mit einer schönen Gartenbank oder einer kleinen Sitzgruppe einen gemütlichen Beobachtungsposten, auf dem Sie auf Ihre Schmetterlinge »ansitzen« können. Den kleinen Tisch für eine Kanne Tee oder eine Karaffe mit gekühlter Sommerlimonade nicht vergessen, dann können Sie im Gleichtakt mit den Faltern Nektar schlürfen.

Pflanzen

Nach der Fertigstellung der Spirale sollten Sie ein paar Tage warten, bis sich die oben helle und nach unten hin immer dunkler werdende Befüllung gut gesetzt hat. Wenn Sie dann je nach Bedarf noch einmal Kalkschotter und Erde nachgefüllt haben, können Sie mit der Bepflanzung beginnen. Verteilen Sie zunächst die Pflanzen noch in ihren Töpfen auf der Spirale, um zu sehen, dass sie auch möglichst günstig zu stehen kommen und genug Platz haben, um sich gut zu entwickeln. Die sehr hoch wachsende Nachtkerze sollte in jedem Fall neben der Spirale stehen. Der niedrige Thymian dagegen sollte einen guten Platz am Südrand der Trockenmauer bekommen, wo er zumindest von einer Seite ausreichend Licht hat und sich ohne überwuchernde Konkurrenz über die Mauer hin ausbreiten kann.

Eine Besonderheit der Bepflanzung mit Schmetterlingsmagneten besteht darin, dass außer den ausdauernden Blumen und Kräutern mit der Bartnelke und der Nachtkerze auch zwei zweijährige Pflanzen zum Einsatz kommen. Diese bilden im ersten Jahr ihre Blattrosette, um dann im zweiten Jahr in die Höhe zu wachsen und Blüten zu bilden. Um in jedem Jahr blühende Pflanzen zu haben, sollten Sie im zweiten Jahr neue Pflanzen setzen, die sich dann, abwechselnd mit der ersten Pflanzung, im Zwei-Jahres-Rhythmus selbst aussamen. Halten Sie deshalb sorgsam Ausschau nach möglichen Abkömmlingen von Bartnelke und Nachtkerze und versetzen Sie sie im Bedarfsfall, sobald sie sich etwas gekräftigt haben, so, dass sie im kommenden Jahr einen guten Stand haben und prächtig blühen können.

Nach fertig gestellter Bepflanzung können Sie übrigens, um das noch karge Nektarangebot im Vorfrühling zu vergrößern, Traubenhyazinthenzwiebeln in den Boden Ihrer Schmetterlingsspirale stecken.

Pflanzschema:

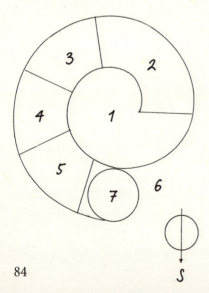

1 – Zwergschmetterlingsstrauch, Heidenelke, Purpurfetthenne
2 – Wilder Majoran, Gewöhnlicher Thymian
3 – Sommeraster, Lavendel
4 – Skabiosenflockenblume, Herbstaster (2 x)
5 – Bartnelke
6 – Nachtkerze, Wilde Möhre
7 – Sumpfdotterblume

Die Kräuter im Einzelnen

Zwergschmetterlingsstrauch

Die langen weißen, roten oder lila Blütenrispen des auch »Schmetterlingsflieder« genannten *Buddleia davidii nana* duften im August/September bei voller Sonne besonders gut nach Vanille und Muskat und gehören zu den begehrtesten Nektarspendern vieler Schmetterlingsarten. Der Zwergschmetterlingsstrauch wird bis zu einem Meter hoch.

Der in den Tropen beheimatete Strauch liebt einen sonnigen Platz mit magerer Erde. Auf der Schmetterlingsspirale steht er deshalb ganz oben an der nach Süden ausgerichteten, trockenen Spitze. Dass er sich trotz seiner exotischen Herkunft bei unseren einheimischen Faltern so großer Beliebtheit erfreut, macht ihn zu einer Ausnahmeerscheinung unter den Falterfutterpflanzen. Im ersten Jahr braucht er unbedingt einen Frostschutz. Ist er jedoch erst einmal an einem guten Standort angewachsen, treibt er auch nach strengen Wintern immer wieder aus.

Da er immer am einjährigen Holz blüht, kann er im Frühjahr (aber erst nach gebannter Frostgefahr) kräftig eingekürzt werden. Auf diese Weise sorgt man auch dafür, dass er schön niedrig bleibt und die Schmetterlingsspirale im Laufe der Jahre nicht völlig in Beschlag nimmt. Wie den großen Schmetterlingsstrauch gibt es die Zwergvariante in den drei Farben weiß, rot und lila. Suchen Sie sich Ihre Lieblingsfarbe aus. (Ein guter Tipp: Wenn Sie zwei verschiedenfarbige Pflanzen in ein Pflanzloch geben, bekommen Sie einen zweifarbigen Schmetterlingsstrauch. Am besten, weil am kontrastreichsten, sieht er aus, wenn Sie als eine der Farben Weiß wählen.)

Zu den bevorzugten Gästen des Schmetterlingsstrauchs gehören Tagpfauenauge, Kleiner Fuchs, Admiral, C-Falter, Ochsenauge, Schwalbenschwanz, Kohlweißling, Distel- und Zitronenfalter.

Heidenelke

Der Name sagt es: Die Polster bildende Heidenelke kommt bei uns wild in Trockenrasen, Moor und Heide vor, gedeiht aber auch sehr gut im Garten, wo sie sich vor allem in Stein- und Heidegärten sehr hübsch ausbreitet und mit ihren rosaroten Blüten von Juni bis September für schöne Farbtupfer sorgt. Vor und nach der Blüte ziert sie mit ihren graugrünen Blättern teppichartig die Steine der Spiralentrockenmauer.

Dianthus deltoides kann ausgesät werden und keimt problemlos innerhalb von zwei Wochen. Falls Sie junge Pflanzen im Fachhandel (am besten in spezialisierten Gärtnereien) beziehen, achten Sie darauf, dass Sie tatsächlich die Wildform bekommen. Geben Sie ihr einen guten Platz in Mauernähe, wo sie über die Steine wachsen kann und von höher wüchsigen Nachbarn nicht allzu sehr bedrängt wird.

Die Heidenelke wird besonders gern von Zitronenfaltern, Kleinem Fuchs und Taubenschwänzchen aufgesucht.

Purpurfetthenne

Sedum telephium, ein nach dem griechischen König Telephos benanntes Mitglied aus der Familie der Dickblattgewächse, wächst wild in Europa und Westasien an Felshängen, Geröllflächen und sonnigen Rändern von Äckern, Wegen und Gebüschen. Die Fetthenne bildet Horste von bis zu sechzig Zentimeter Höhe und hat ovale, blaugrüne, fleischige Blätter, die im Winter grün bleiben. Von September bis Oktober blühen die rostroten, schirmförmigen Blütenstände, die aus vielen kleinen, sternförmigen Blüten zusammengesetzt sind und über den Winter stehen bleiben können. Fetthennen-Bläuling und Apollofalter sind gern gesehene Gäste.

Wilder Majoran

Wer hätte gedacht, dass sich hinter dem den meisten nur als Küchenkraut bekannten Oregano auch ein begehrter Schmetterlingsliebling verbirgt? Zur Blütezeit ab dem Hochsommer ist *Origanum vulgare* tatsächlich von Tagfaltern umlagert, und in den Abendstunden kommt so mancher Nachtschwärmer hinzu. Tagpfauenauge, Kleiner Fuchs, Ochsenauge, Distelfalter, Landkärtchen, Admiral, C-Falter und Zitronenfalter gehören zu seinen häufigsten Gästen.

Die Schmetterlingsspirale

Gewöhnlicher Thymian

Auch *Thymus pulegioides* sollte auf der Schmetterlingsspirale unbedingt ausgiebig blühen können, denn auf ihn fliegt praktisch das gesamte Falterspektrum des Hochsommers. Raupen dagegen mögen ihn nicht. Ja, interessanterweise dienen die bei den ausgewachsenen Faltern so beliebten Aromastoffe von Küchenkräutern wie Thymian, Lavendel und Majoran ausgerechnet als natürliches Abwehrmittel gegen Raupenfraß. Hier genießen die Alten, was der Nachwuchs meidet. Lediglich einige sehr spezialisierte Arten nutzen diese Pflanzen auch als Raupennahrung, z. B. der Thymian-Ameisenbläuling.

Sommer- und Herbstastern

Mehrjährige Astern gibt es in zahlreichen Farben und Wuchsformen. Wählen Sie für die Schmetterlingsspirale stets nur kleinwüchsige Sorten und die Farben ganz nach Ihren persönlichen Vorlieben aus. Der Erfahrung nach scheinen rosafarbene vor den rot- und lilafarbenen Astern zu blühen, sodass Sie mit einer Kombination verschiedener Farben die Blühzeit verlängern können.

Die Bergaster, *Aster amellus,* auch Kalkaster, blüht von August bis Oktober, ist von mittlerem Wuchs (zwanzig bis fünfzig Zentimeter) und in freier Natur nur noch selten zu sehen. Die lilafarbenen Korbblüten mit gelber Mitte gelten als Lieblinge der Schwebfliegen, werden aber auch von Fliegen, Tagfaltern, Mauer- und Honigbienen fleißig besucht.

Von den Herbstastern, *Aster novi-belgii* und *Aster novae-angliae*, gibt es meist hoch wachsende Arten, doch sollten Sie sich auch hier unbedingt für niedrige Züchtungen entscheiden. Ihre offenen Korbblüten sind für Insekten im Herbstgarten eine wichtige, oft sogar die einzige Nahrungsquelle. Sie verlängern die Blütensaison für lang fliegende und überwinternde Arten wie den Kleinen Fuchs oder das Tagpfauenauge. Schon aus diesem Grund sind sie ein unverzichtbares Element jeder Schmetterlingsspirale.

Lavendel

Lavandula angustifolia ist ein wahrer Insektenmagnet und eine wichtige Nahrungsquelle für Bienen, Hummeln und Schmetterlinge. Vor allem Weißlinge und Tagpfauenaugen können sich seiner Anziehungskraft kaum entziehen. An sonnigen Tagen kann man die Schmetterlinge selbst an einem einzigen Lavendel-Busch manchmal kaum noch zählen.

Auf der Kräuterspirale gedeiht der Lavendel besonders prächtig. Nicht nur auf der Schmetterlingsspirale, sondern auch auf der Mittelmeer- und der Duftspirale ist er deshalb ein gern gesehener Gast.

Skabiosenflockenblume

Flockenblumen *(Centaurea)* gehören zur Familie der Korbblütengewächse. Die Gattung umfasst etwa fünfhundert Arten und ist hauptsächlich in Europa, dem Mittelmeerraum und in Vorderasien verbreitet. Der botanische Name geht auf den Zentauren Chiron zurück, der mit der Kornblume *(Centaurea cyanus)* eine Wunde am Fuß des Helden Achilles geheilt haben soll.

Centaurea scabiosa wächst wild auf heimischen Wiesen und an Wegrainen. Ihre ausgefransten lila Blüten sind ein Eldorado für Schmetterlinge. Selbst seltenere Arten wie Segelfalter und Goldene Acht können auf ihr gesichtet werden. Für die Schmetterlingsspirale ist sie deshalb eine echte Bereicherung.

Bartnelke

Dianthus barbatus gehört, wie bereits erwähnt, zu den zweijährigen Gästen auf der Schmetterlingsspirale. Im ersten Jahr wird nur eine Rosette gebildet, erst im zweiten Jahr wachsen dann die bis zu fünfzig Zentimeter hohen Blütenstände. Pflanzen Sie Bartnelken immer in kleinen Gruppen und sorgen Sie jedes Jahr für Nachschub, indem Sie neue Pflanzen setzen oder die von der Mutterpflanze selbst ausgesamten Nachkömmlinge entsprechend verteilen. Ganz einfach ist bei Bartnelken auch die Stecklings-Vermehrung aus Kopftrieben im Frühjahr vor der Blüte. Dabei sollten Sie die jungen Pflanzen allerdings nicht zu früh versetzen, da es eine Weile dauert, bis sich kräftige Wurzelballen herausgebildet haben.

Bartnelken sind anspruchslos und eignen sich auch sehr gut als Schnittblumen. Ja, gerade wenn sie regelmäßig geschnitten werden, treiben sie umso üppigere Blüten nach. Die stark duftenden Blüten sind farblich sehr vielseitig, können rot, rosa, purpurrot oder zweifarbig gefleckt oder gestreift sein. Es gibt gefüllte und ungefüllte Sorten. Wie bei allen Zierpflanzen sollten Sie im Hinblick auf Schmetterlinge und andere Insekten stets ungefüllte Sorten wählen. Gefüllte Bartnelken mögen prächtig aussehen, geben aber für Insekten »nichts her«, während sich die ungefüllten als beliebte Nektarspender erweisen.

Nachtkerze

Oenothera biennis war ursprünglich in Nordamerika heimisch und ist dort bis heute über den gesamten Kontinent verbreitet. Im 17. Jahrhundert gelangte sie in die botanischen Gärten Europas, von wo aus sie schnell auswilderte und sich verbreitete. Wild findet man sie bei uns vor allem an wenig beachteten Standorten wie Bahndämmen, Aufschüttungen oder Geröllhalden. Seit man entdeckte, dass sich aus den Samen ein mehrfach ungesättigtes, an Linol- und Gamma-Linolensäuren reiches Öl pressen lässt, das man erfolgreich gegen Neurodermitis, aber auch gegen allergische Reaktionen, asthmatische und prämenstruelle Beschwerden einsetzen kann, wird die Nachtkerze auch als Heilpflanze angebaut. Aufgrund seiner beruhigenden und hautpflegenden Eigenschaften kommt Nachtkerzenöl vermehrt auch in der Kosmetik zur Anwendung.

Der botanische Name leitet sich von dem griechischen Wort *oinos* (= Wein) ab und bezieht sich auf den Weingeruch der Nachtkerzenwurzel. *Biennis* (= zweijährig) weist auf die Zweijährigkeit der Pflanze hin. Im ersten Jahr entwickelt sich eine Blattrosette mit zwanzig bis dreißig Blättern, und erst im zweiten Jahr treibt der bis zu zwei Meter hohe Stängel aus.

Die großen, gelben Blüten der Nachtkerze sind den ganzen Sommer über zu sehen. Die Blüten sind wie in Ähren angeordnet und blühen nacheinander von unten nach oben. Dabei öffnen sie sich jeweils erst am späten Nachmittag bis Abend und werden dann von Bienen, Hummeln und Schmetterlingen, nachts von Nachtfaltern bestäubt. Die Blüten bleiben die Nacht über geöffnet – daher der deutsche Name »Nachtkerze«.

Wegen ihrer Größe sollte die Nachtkerze nicht auf, sondern neben der Spirale zu stehen kommen. Dort gibt sie uns Gelegenheit, vor allem in den Feierabendstunden das bunte Treiben der munteren Falter ausgiebig zu beobachten.

Wilde Möhre

Als Mutter aller uns heute bekannten Gemüsemöhren war *Daucus carota* schon den Bauern der Jungsteinzeit bekannt. Man wusste, dass ihre spindelartigen Wurzeln eine enorme Dicke erreichen können, und kreuzte sie mit anderen Wildformen, bis unsere heutige Speisemöhre entstand. Mit weltweit mehr als sechzig Zuchtformen und Hunderten von Sorten gehört sie zu den beliebtesten Gemüsen. Die Jahresernte liegt bei etwa dreizehn Millionen Tonnen.

Die Wilde Möhre ist bis heute auf Wiesen und Feldern, an Wegrändern, auf Böschungen und auf steinigen Abhängen in ganz Mittel- und Südeuropa weit verbreitet. Die gefiederten Blätter erinnern an das Möhrengemüse. Von Anfang Juni bis Ende August bilden sich die weißen, flach gewölbten Blütenstände mit der dunkelroten oder auch ganz schwarz gefärbten »Möhrenblüte«, der die Pflanze ihren Namen verdankt. Nach der Bestäubung neigen sich die Strahlen der Doldenblüte zur Fruchtreife so zusammen, dass in der Mitte der Kugel eine Art Nest entsteht – ein typisches Bild, das ich mit Wiesen und Wegrainen im Herbst verbinde.

Die Wilde Möhre ist auf der Schmetterlingsspirale nicht nur schön anzusehen, sondern auch eine hervorragende Raupenfutterpflanze, vor allem für die Raupen des Schwalbenschwanzes.

Sumpfdotterblume

Caltha palustris ist eine beliebte Wildpflanze, die entlang diverser Gewässer wächst, ihre dottergelben Blüten schon im Frühling öffnet und sich im Sommer in den Wurzelstock zurückzieht. Sowohl die botanische Bezeichnung (*palus* = Sumpf) als auch der deutsche Name weisen darauf hin, dass sie an feuchten Standorten zu finden ist.

Die wuchskräftige Sumpfdotterblume wird – je nach Standort – zwischen fünfzehn und sechzig Zentimeter groß, hat große, glänzende Blätter und einfache, sattgelbe Schalenblüten, die schon ab März blühen und – wiederum je nach Standort – bis April oder Juni geöffnet bleiben. Die Blüten enthalten reichlich Pollen und Nektar. Schwebfliegen, Bienen und frühe Schmetterlingsarten wie Zitronenfalter, Kleiner Fuchs und Tagpfauenauge stürzen sich dankbar auf die fröhlich leuchtenden Blütenkelche.

Das Sumpfbeet

Das Sumpfbeet mit den leuchtend gelben Blüten der Sumpfdotterblume stellt einen wunderbaren Abschluss der Schmetterlingsspirale dar. Allerdings müssen dort tatsächlich immerfeuchte Bedingungen herrschen, weil die auf nasse Füße angewiesenen Sumpfpflanzen, die sich im begrenzten Sumpfbeet – anders als in der freien Natur – nicht über ihre Wurzeln aus tieferen Schichten Wasser holen können, sonst unweigerlich eingehen. Achten Sie deshalb besonders im Sommer darauf, dass das Sumpfbeet nie ganz trockenfällt.

Um das Beet für die Sumpfdotterblume anzulegen, heben Sie am Fuß der Schmetterlingsspirale eine kreisrunde Fläche etwa dreißig Zentimeter tief aus und entfernen alle spitzen Steine, Wurzeln oder Scherben vom Grund der Kuhle. Bedecken Sie die Teichsohle zum Schutz der Folie sicherheitshalber noch einmal mit einem Gartenvlies, und kleiden Sie dann die Fläche, auch an den Rändern, möglichst faltenfrei mit Teichfolie aus, die Sie nicht zu klein bemessen und an den Rändern auch erst dann endgültig abschneiden dürfen, wenn das Sumpfbeet fertig ist. Füllen Sie nun das Beet zu etwa zwei Dritteln mit Kies und Gartenerde aus. Mit einigen größeren Steinen können Sie die richtige Pflanzhöhe regulieren. Den Folienrand schneiden Sie nicht zu knapp ab und befestigen ihn von beiden Seiten mit Steinen, sodass eine Kapillarsperre entsteht.

Zuletzt wird die Sumpfdotterblume so eingesetzt, dass die Pflanze später über Wasser steht, ihre Wurzeln aber ins Wasser ragen. Dann gießen Sie so viel Wasser an, dass der kleine Sumpf zum Boden seiner Umgebung bündig anschließt.

Damit ist Ihre Schmetterlingsspirale vollständig, und Sie haben nun reichlich Zeit, sich auf der Gartenbank zurückzulehnen und auf Ihre bunten Gartengäste zu warten.

Die Schmetterlingsspirale

> 🌀 **Variationen: Andere Tierspiralen**
> Das Prinzip, mit besonders »tierfreundlichen« Pflanzen Gäste in unseren Garten zu locken oder es ihnen dort besonders angenehm zu gestalten, können wir auch auf andere Tierarten übertragen. Wie wäre es z. B. mit einer Hummel- und Bienenspirale für Honigfans oder einer Katzenspirale für alle Menschen, die gern mit Katzen zusammenleben?

Die Hummel- und Bienenspirale
(mit Pflanzen, die Hummeln und Bienen anlocken)

Pflanze	Botanischer Name	Spiralen-Standort	Besonderheiten
Bartnelke	*Dianthus barbatus*	4	zweijährig
Dost	*Origanum vulgare*	2	
Brunnenkresse	*Nasturtium officinale*	7	Flachwasser
Gewöhnlicher Thymian	*Thymus pulegioides*	2	
Grüne Minze (Spearmint)	*Mentha spicata*	6	bildet Ausläufer
Herbstaster (Neubelgische Aster)	*Aster novi-belgii*	5	niedrige Arten
Herbstaster (Neuenglandaster)	*Aster novae-angliae*	5	niedrige Arten
Lavendel	*Lavandula angustifolia*	3	
Rosmarin	*Rosmarinus officinalis*	1	Winterschutz
Bergaster (Kalkaster)	*Aster amellus*	3	
Sumpfdotterblume	*Caltha palustris*	7	braucht Feuchtigkeit
Thymian	*Thymus vulgaris*	4	

Die Katzenspirale
(mit Pflanzen, die Katzen besonders gerne mögen)

Pflanze	Botanischer Name	Spiralen-Standort	Besonderheiten
Baldrian	*Valeriana officinalis*	5	
Echte Katzenminze	*Nepeta cataria L.*	2	
Katzen-Gamander	*Teucrium marum*	1	Winterschutz
Katzenminze	*Nepeta faassenii*	4	
Weiße Katzenminze	*Nepeta faassenii alba*	3	
Zwergzypergras	*Cyperus alternifolius ‚Nana'*	7	Wasserpflanze

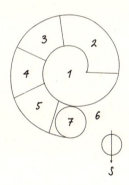

Die Duftspirale

»Hmm, wie das duftet!« Wer von uns hat sich nicht schon einmal von dem direktesten aller Sinneseindrücke überwältigen lassen?

Tatsächlich sollte man die sanfte Macht der Düfte nicht unterschätzen. Rund zehntausend von ihnen kann die menschliche Nase unterscheiden. Genauer erforscht sind nur wenige. Aber erwiesen ist: Gerüche haben eine Wirkung auf Körper und Seele. Und sie prägen sich tief ins Gedächtnis ein. Bei jedem Menschen wecken sie ganz individuelle Erinnerungen an Situationen oder Gefühle. Seit Jahrtausenden hat man sie deshalb auch ganz bewusst eingesetzt, um die Sinnlichkeit anzuregen, Ängste zu besänftigen, Verstimmungen aufzulösen oder die Konzentrationsfähigkeit zu fördern.

Das Wort »Parfüm« kommt von dem lateinischen Ausdruck *per fumum* (= durch den Rauch) und geht auf den uralten Brauch zurück, Düfte durch Räucherwerk zu übertragen. Als Bindeglied zwischen irdischen und himmlischen Gefilden war der aufsteigende Rauch sowohl Nahrung für Götter und Geister als auch Seelenbalsam für die Gläubigen.

Schamanen versetzten sich mit dem aufsteigenden Rauch bestimmter Hölzer, Harze und Blätter in Trance, Seherinnen inhalierten den Rauch bewusstseinsverändernder Stoffe, um in Ekstase zu verfallen, Priesterinnen und Priester verbrannten Harze, um den Kontakt mit den Göttern und Göttinnen herzustellen. Mit Weihrauch wurden Dämonen beschworen oder vertrieben; Bauwerke wurden geweiht und gereinigt; Kranke und Besessene wurden mit köstlichen Düften oder unangenehmem Gestank beräuchert. Dem aromatischen Rauch wurden magische oder medizinische Eigenschaften zugeschrieben; er wurde mit bestimmten Gottheiten und Planeten in Verbindung gebracht. Allein in Rom wurden riesige Mengen Weihrauch verbraucht. Kaiser Nero soll bei der Totenfeier für seine Gemahlin Poppea mehr Weihrauch verbrannt haben, als Arabien in einem Jahr produzieren konnte. Im Jahr 95 v. Chr. wurde ein Gesetz erlassen, welches den Gebrauch von Räucherstoffen regelte. Das Gesetz legte auch fest, welche Räucherstoffe zu welchen Gottheiten gehörten (z. B. Zimt und Mastix zu Merkur, Ambra und Safran zu Venus).

Bis heute wird bei religiösen Ritualen Räucherwerk entzündet, sei es der Weihrauch in katholischen Kirchen oder der Wacholder in buddhistischen Tempeln. Aromatische Substanzen waren zu allen Zeiten begehrt, galten als heilig und wurden als kostbarer Schatz betrachtet – man denke nur an die Heiligen Drei Könige mit ihren Geschenken Weihrauch und Myrrhe. Der Wohlgeruch galt von jeher als paradiesische Prise, der Gestank verkündete die Anwesenheit dunkler Mächte.

Das ist eine Symbolik, die jeder sofort versteht. Denn der Geruchssinn ist um ein Tausendfaches sensibler als die anderen Sinne des Menschen. Er ist direkt mit dem so genannten limbischen System verbunden, das unser Gedächtnis beherbergt, unsere Triebe und Emotionen reguliert und unsere Sexualität steuert. Gerüche stimulieren das limbische System so, dass es Botenstoffe aussendet, die Stimmung und Anspannung oder Entspannung direkt beeinflussen – und das alles ohne Beteiligung des Verstandes.

Die Nase leitet Gerüche ans Gehirn weiter. Gleichzeitig gelangen Duftstoffmoleküle über die Schleimhäute von Nase und Lunge oder über die Haut in die Blutbahn und so in den gesamten Körper. Dort können sie Muskeln entkrampfen oder Schleim lösen. Dass manche

Die Duftspirale

Stoffe wie Teebaumöl, Salbei oder Zimt sogar Viren und Bakterien hemmen, ist wissenschaftlich nachgewiesen. Auch dass Orangenduft im Wartezimmer beim Zahnarzt die Angst vorm Bohren lindert, gilt als gesicherte Tatsache. Ähnlich ist es wohl mit den Düften im Supermarkt, die die Kauflust steigern, mit dem Lavendelduft, der beim Einschlafen hilft, und beim Salbei, der das Gedächtnis anspornt. Ylang-Ylang senkt Blutdruck und Puls, ohne müde zu machen, ein auf den Schläfen verriebener Tropfen Pfefferminzöl vertreibt Kopfweh und hilft, einen kühlen Kopf zu bewahren. Der liebliche Duft eines Rosengartens kann unsere Herzen verzaubern. Und Patschuli lässt uns von wilden Hippiezeiten träumen ...

Die folgende Übersicht zeigt Beispiele von Düften, die unsere Stimmung positiv beeinflussen können:

Düfte für eine gute Stimmung

Aufhellend	Entspannend	Romantisch	Belebend
Orange	Lavendel	Jasmin	Rosmarin
Muskatellersalbei	Duftpelargonie	Patschuli	Minze
Bergamotte	Kamille	Vanille	Kiefer
Zitrone	Rose	Rose	Ingwer
Ylang-Ylang	Sandelholz	Ylang-Ylang	Muskat
Teebaum			

Die heilende Wirkung vieler Kräuter und Gewürze beruht auf den in ihnen enthaltenen ätherischen Ölen. Der französische Chemiker René-Maurice Gattefossé prägte 1928 den Begriff »Aromatherapie« für die heilende Anwendung dieser Öle, die aus Blüten und Blättern destilliert oder aus der Rinde von Früchten gepresst werden. Sie enthalten Hormone, Vitamine, Antibiotika und Antiseptika. In der Aromatherapie wird sehr großen Wert auf die Naturreinheit der ätherischen Öle gelegt. »Naturrein« bedeutet, dass die Öle mittels Wasserdampfdestillation,

Steckbrief: Die Duftspirale
Standort: sonnig
Substrat: Kalkschotter bis Gartenboden
Bepflanzung: Pflanzen mit duftenden Blüten

Pflanze	Botanischer Name	Spiralen-Standort	Besonderheiten
Baldrian	*Valeriana officinalis*	4	Blütenduft im Juni
Dichternarzisse	*Narcissus poeticus ‚Actaea'*	5	Zwiebelpflanze
Diptam	*Dictamnus albus*	1	langsam wachsend
Duftpelargonien	*Pelargonium*	6	nicht winterhart, im Kübel
Gelbe Wiesenraute	*Thalictrum flavum*	6	feuchteliebend
Flügeltabak	*Nicotiana alata ‚Fragrant Delight'*	2	nicht winterhart
Goldlack	*Cheiranthus cheiri*	1	zweijährig bis staudig
Lavendel	*Lavandula angustifolia*	2	Duft im Juli (die Sorte *Lavandula intermedia* duftet ganzjährig)
Mädesüß	*Filipendula ulmaria*	6	bildet Ausläufer
Muskatellersalbei	*Salvia sclarea*	5	zweijährig, Blatt- u. Blütenduft
Nachtviole	*Hesperis matronalis*	3	nachtduftend
Staudenphlox	*Phlox paniculata*	5	Blütenduft im August
Vanilleblume	*Heliotropium arborescens*	1	nicht winterhart, im Kübel
Wohlriechende Zwergseerose	*Nymphaea odorata minima*	7	Wasserpflanze

Die Duftspirale

Extraktion oder Kaltpressung aus der Pflanze gewonnen werden. Alle Inhaltsstoffe und deren natürliche Mengenverhältnisse bleiben dabei erhalten. Im Gegensatz dazu werden naturidentische oder synthetische Öle (»Duftöle«) chemisch nachgebaut. Für ungeübte Nasen sind solche Öle kaum von den naturreinen ätherischen Ölen zu unterscheiden – zu erkennen sind sie meist am vergleichsweise niedrigen Preis.

Mit einer Duftspirale holen Sie sich die naturreinste aller denkbaren Aromatherapien direkt in den eigenen Garten. Sorgen Sie für einen gemütlichen Sitzplatz in unmittelbarer Nähe der Spirale, an dem Sie tief durchatmen können. Erschnuppern Sie, wie Ihre Spirale am frühen Morgen, in der vollen Mittagssonne, abends oder direkt nach einem Regenguss duftet. Stecken Sie Ihre Nase tief in das kleine Blütenmeer und lassen Sie sich in die unterschiedlichsten Duftwelten entführen. Holen Sie sich einzelne Blüten oder ein ganzes Duftpotpourri ins Haus und freuen Sie sich an den wohltuenden Aromen, die von Ihrer eigenen Duftspirale stammen.

Bauen

Beim Bau der Duftspirale können Sie der Bauanleitung für die klassische Kräuterspirale folgen (siehe Seite 12). Im Inneren der Spirale können Sie einen Kegel aus Kalkschotter aufschütten, auf den Sie die innere Krümmung der Trockenmauer nach und nach aufsetzen. Auch die Befüllung sollte im oberen Bereich aus Kalkschotter bestehen, der nach unten hin immer stärker mit Gartenboden durchmischt ist. Am Fuß der Duftspirale entsteht ein Miniteich.

Pflanzen

Die für die Bepflanzung benötigten Blumen und Kräuter können Sie bei auf Duftpflanzen spezialisierten Gärtnereien kaufen oder im Versandhandel bestellen (siehe Seite 197). Lassen Sie Ihre Lieferung aber auf keinen Fall stehen, sondern packen Sie den Karton sofort aus, damit die Pflanzen so schnell wie möglich Tageslicht und Wasser bekommen. Verteilen Sie die Pflanzen gleichmäßig nach dem nachfolgenden Pflanzschema über die Spirale und setzen Sie sie vorsichtig so ein, dass sie nicht tiefer zu stehen kommen als bei der Anzucht in der Gärtnerei. Schwemmen Sie die frisch eingesetzten Pflänzchen mit reichlich Wasser an und vergessen Sie auch in den nächsten Wochen nicht, regelmäßig zu gießen. Anschließend heißt es nur noch: Auf die duftenden Blüten warten!

Pflanzschema:

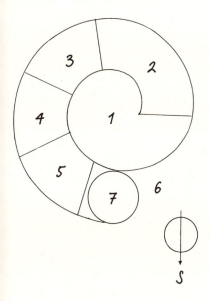

1 – Diptam, Goldlack, Vanilleblume
2 – Lavendel, Flügeltabak
3 – Nachtviole
4 – Baldrian
5 – Dichternarzisse, Staudenphlox, Muskatellersalbei
6 – Duftpelargonien (in Kübeln), Gelbe Wiesenraute, Mädesüß
7 – Wohlriechende Zwergseerose

Die Kräuter im Einzelnen

Diptam

Dictamnus albus, auch »Brennender Busch« genannt, kam schon 1936 an seinen natürlichen Standorten auf Lichtungen und an Waldsäumen nur noch so selten vor, dass er seitdem unter Naturschutz steht. Das Sammeln der Pflanze und ihrer Teile in freier Natur ist streng verboten.

Die Duftspirale

Als Heilpflanze wird dem Diptam eine fiebersenkende, antibakterielle und antirheumatische Wirkung nachgesagt. Wohl deshalb, bestimmt aber auch wegen seines intensiven Duftes wird Diptam schon seit dem Altertum in Gärten kultiviert. Dabei ist Geduld erforderlich, denn manchmal kann es ein paar Jahre dauern, bis die Pflanze zum Blühen kommt. Dann aber erscheinen im Mai und Juni die großen, weißen, rosa- oder lilafarbenen Blüten, die wunderbar nach Vanille und Zitrone duften. Die Drüsen in den Blättern geben in dieser Zeit so viel ätherisches Öl ab, dass man die Pflanze schon von weitem riechen kann. An extrem heißen Tagen kann am Diptam auch noch ein ganz besonderes, seltenes Phänomen beobachtet werden: Der Strauch erzeugt so viel ätherisches Öl, dass er sich selbst entzündet. Dies wird durch die Brennglaswirkung bei der Tröpfchenbildung erklärt. Bei Windstille und großer Hitze kann man in der Dämmerung vielleicht an der Pflanze kleine blaue Flammen sehen. Aufgrund dieses Phänomens nimmt man an, dass es sich beim Diptam um den »Brennenden Busch« aus der Bibel handelt.

Diptam ist also in vielerlei Hinsicht ein echtes Gartenereignis und hat den Ehrenplatz an der Spitze der Duftspirale redlich verdient.

Goldlack

Cheiranthus cheiri wächst – vor allem in Südeuropa – wild an Felsen und Mauern, ist bei uns jedoch in erster Linie als Gartenpflanze bekannt. Er wird zwanzig bis sechzig Zentimeter hoch und hat im Mai und Juni große, sehr stark duftende gelbe, orangefarbene, rote oder auch braune Blüten. Nur die Wildform duftet, achten Sie deshalb darauf, dass Sie genau diese bekommen.

Über die Samen kann die zweijährige Schönheit leicht selbst gezogen werden. Wenn Sie die Blütenstände stehen lassen, samt sich die Pflanze aber auch von alleine aus und blüht bald überall dort, wo es ihr gefällt.

Vanilleblume

Heliotropium arborescens stammt ursprünglich aus Südamerika, fühlt sich aber auch in unseren Breiten sehr wohl und wächst in der Regel ohne Probleme zu einem lang und üppig blühenden Zwergstrauch heran. Der Name ist bei der Vanilleblume Programm: Die meist lilafarbenen, selten weißen Blütendolden verströmen den ganzen Sommer über einen stark blumigen Vanilleduft. Regelmäßiges Schneiden fördert den Blütenansatz bei diesem attraktiven Spiralenbewohner, der übrigens auch von Schmetterlingen geliebt und häufig angeflogen wird. Da die Pflanze nicht winterhart ist, sollte sie im Pflanzkübel auf der Spirale stehen. So können Sie sie im Herbst ins Haus holen.

Lavendel

Lavandula angustifolia kennen wir bereits von der Mittelmeer- und der Schmetterlingsspirale. Auch auf der Duftspirale darf er (oder die blattduftende Sorte *Lavandula intermedia*) natürlich nicht fehlen, denn seine lilafarbenen, bei selteneren Sorten auch rosafarbenen oder weißen Blüten verströmen einen intensiven, äußerst wohltuenden Duft, der in der Aromatherapie eine große Rolle spielt. Wasserdampfdestillation aus der blühenden Pflanze ergibt das intensiv duftende ätherische Öl (»Oleum Lavandulae«) und den Lavendelgeist (»Spiritus Lavandulae«). Schon Paracelsus empfahl Zubereitungen aus Lavendelblüten zur Schmerzlinderung und bei Nervenleiden. Die renommierte »Kommission E« des Bundesinstituts für Arzneimittel und Medizinprodukte (BfArM) bestätigte die Wirksamkeit von Lavendel bei Unruhe, Schlafstörungen und Kreislaufstörungen. Besonders bewährt hat sich der Lavendeltee. Setzen Sie hierfür einen Teelöffel Lavendelblüten mit einem Liter kaltem Wasser an und bringen Sie es langsam zum Sieden. Seihen Sie den Lavendeltee ab und trinken Sie morgens, mittags und abends je eine Tasse. Wenn Sie fünfzig Gramm Blüten mit einem Liter kochendem Wasser überbrühen, dreißig Minuten ziehen lassen, abseihen und ins Badewasser geben, erhalten Sie einen beruhigenden Badezusatz. Verwenden Sie die duftenden Lavendelblüten auch ruhig einmal in der Küche. Kneten Sie je einen halben Teelöffel Lavendel- und Rosmarinblüten in Ihren Brotteig oder stellen Sie eine Kräuterbutter mit Lavendel- und Rosmarinblüten her. Streuen Sie frische Lavendelblüten über Ihren Obstsalat und erfreuen Sie sich an den leuchtenden Farben und dem Wohlgeruch.

Die Duftspirale

Flügeltabak

Beim Wort »Tabak« denken wir heute nur an Nikotinmissbrauch, Raucherbein und Lungenkrebs. Das war nicht immer so. Der Tabak ist eine uralte Pflanze der Neuen Welt und wächst wild mit insgesamt knapp siebzig Arten in Amerika und Australien. Die Wildformen enthalten übrigens lediglich Spuren von Nikotin. Nur die Nutzpflanze *Nicotiana tabacum* hat einen hohen Nikotingehalt, da sie speziell darauf hingezüchtet wurde.

Den Ureinwohnern Amerikas galt der Tabak als magische Pflanze mit großer Heilkraft. Er half ihnen, mehrere Tage ohne Nahrung durchzuhalten, was bei ihren früheren Lebensumständen äußerst wichtig war. Die Schamanen benutzten ihn, um in Trance zu gelangen. Als Heilmittel wurde er bei infizierten Wunden und Insektenstichen aufgelegt.

Die Züchtung *Nicotiana alata* ‚Fragrant Delight' wird vor allem wegen ihres betörenden Duftes in Gärten gezogen. Der Flügeltabak gilt als »Nachtdufter«, öffnet seine relativ großen Blütenglocken aber schon am späten Nachmittag, um mit seinem betörenden, schwer-süßlichen Duft die sinnlichen Abendstunden einzuläuten. Er blüht den ganzen Sommer über bis zu den ersten Frösten, ist nicht winterhart, samt sich aber an einem günstigen Standort immer wieder von selber aus. Es lohnt sich deshalb, im Frühling beim Unkrautjäten besonders vorsichtig zu sein und nach kleinen Tabakabkömmlingen Ausschau zu halten.

Nachtviole

Die zur Familie der Kreuzblütler gehörende *Hesperis matronalis* stammt ursprünglich aus Südeuropa bis Mittelasien, kommt heute aber bei uns fast überall auf Böschungen und an Wegrainen verwildert vor und gilt als alte Bauerngartenpflanze. Die violetten Blüten, die von Mai bis Juni erscheinen, verströmen abends und nachts einen betörenden, süßlich veilchenartigen Duft. Kein Wunder, dass sich Schmetterlinge und Bienen von ihnen magisch angezogen fühlen. Wird sie rechtzeitig zurückgeschnitten, blüht die Pflanze auch ein zweites Mal.

Die Nachtviole ist eigentlich zweijährig. An günstigen Standorten verhält sie sich jedoch wie eine mehrjährige Staude und treibt jedes Jahr wieder aus. Und wo sie sich besonders wohl fühlt, samt sie sich stark aus. Gebietet man ihr dann nicht energisch Einhalt, kann sie durchaus lästig werden.

Baldrian

Valeriana officinalis wird als Heilmittel zur Entspannung und Beruhigung eingesetzt. Für die entsprechenden medizinischen Zubereitungen verwendet man die unterirdischen Pflanzenteile. Zuverlässig und ohne schädliche Nebenwirkungen fördert er die Einschlafbereitschaft. Wenn ich als Kind partout nicht schlafen konnte, bekam ich von meiner Großmutter ein paar Baldriantropfen auf einem Teelöffel Zucker. Allein das Ritual wirkte sogleich Wunder!

Die frischen weiß-rosa Blüten verströmen einen angenehmen Duft. Erst beim Trocknen der Wurzeln entsteht der berüchtigte strenge Geruch, von dem sich Katzen angezogen fühlen. Baldrian kommt aber sogar auch in der Parfümindustrie zum Einsatz. In der richtigen Mischung unterstreicht er moschusartige, balsamische Duftnoten.

Dichternarzisse

Der Legende nach verschmähte der schöne Narziss, Sohn des Flussgottes Kephisos, die Liebe der Bergnymphe Echo. Vor Gram verzehrt, wurde sie zum Felsen; nur die Stimme blieb ihr (daher die Bezeichnung »Echo«). Um den herzlosen jungen Mann zu bestrafen, sorgte Nemesis dafür, dass er in unstillbarer Liebe zu sich selbst entflammte. Als er sein Spiegelbild in einer Quelle sah, war es um ihn geschehen. Schließlich bereiteten mitleidige Götter seinen Qualen ein Ende, indem sie ihn in eine Narzisse verwandelten.

Die Narzisse gilt als Sinnbild des Frühlings und des Brautstandes. Wenn es früher ein Jüngling ernst meinte, überreichte er seiner Auserwählten einen Strauß weißer Narzissen. Als Traumsymbol künden Narzissen Liebe an. Zu den schönsten und wohlriechendsten Narzissen gehört die weiße Dichternarzisse, *Narcissus poeticus ‚Actaea'*. Ihr Duft soll die Fantasie beflügeln und warme, erotische Gefühle wecken. Stecken Sie deshalb im späten Herbst reichlich Narzissenzwiebeln in den Boden Ihrer Kräuterspirale und lassen Sie sich im Frühjahr von ihrem Duft betören.

Muskatellersalbei

Salvia sclarea war ursprünglich im Mittelmeerraum beheimatet, wird aber schon seit langer Zeit auch in unseren Breiten als Gartenpflanze kultiviert. Die rosa- bis lilafarbenen Blüten erscheinen von Mai bis September und betören mit ihrem süß-würzigen Duft.

Muskatellersalbei wurde früher von Winzern dazu benutzt, eher mäßige Weine in edlen »Muskateller« zu verwandeln. Bierbrauer verstärkten damit die berauschende Wirkung ihres Bieres. Schon immer aber haben es den Menschen die intensiven Duftsubstanzen angetan, die fast mit dem bloßen Auge, auf jeden Fall aber mit einer Lupe auf der Oberseite der samtigen Blätter in glasklaren Ölzellen zu erkennen sind.

In der Antike wurde Muskatellersalbei verräuchert. Heute ist das durch Wasserdampfdestillation aus der blühenden Pflanze gewonnene, süßlich harzig riechende ätherische Öl des Muskatellersalbeis beliebt. Viele erinnert es an griechischen Retsina-Wein. Es soll entkrampfend, euphorisierend und vitalisierend wirken. Häufig wird ihm sogar eine aphrodisierende Wirkung nachgesagt. Benutzen Sie es für ein entspannendes Bad oder eine wohltuende Massage und lassen Sie sich überraschen …

Einmal angepflanzt, vermehrt sich der Muskatellersalbei von selbst, wenn Sie ihm Gelegenheit geben, auszusamen. Die zweijährigen Pflanzen lassen sich im Herbst dann auch ganz einfach an einen anderen sonnigen Standort verpflanzen.

Staudenphlox

Phlox paniculata ist eine beliebte Zier- und Gartenpflanze, die ursprünglich aus dem östlichen Amerika zu uns kam. Ihr deutscher Name lautet zutreffend-blumig »Rispige Flammenblume«. Es gibt zahlreiche Züchtungen, die von Juli bis September von weiß über hell- und dunkelrosa bis tiefviolett blühen. Für Ihre Duftspirale sollten Sie sich für eine der niedrigeren Sorten entscheiden.

Am Phlox scheiden sich die Duftgeister. Während die einen ihn als ausgesprochen wohltuend empfinden, verursacht der schwere, intensive Duft bei anderen eher Kopfschmerzen. Schauen (oder besser gesagt riechen) Sie selbst, zu welcher Fraktion Sie gehören, und entscheiden Sie dann, ob Sie ihn in Ihre Duftriege aufnehmen wollen.

Die Duftspirale

Duftpelargonie

Pelargonium ist bei Gärtnerinnen und Gärtnern sehr beliebt, da die Vielzahl der verschiedenen Duftrichtungen je nach persönlicher Vorliebe viele Möglichkeiten der Kombination und Anwendung eröffnen. Zur besseren Übersichtlichkeit werden fünf Hauptduftrichtungen unterschieden: Rosenduft-Pelargonien, Minzenduft-Pelargonien, Früchteduft-Pelargonien, Gewürzduft-Pelargonien und harzig balsamisch duftende Pelargonien. Auf Duftpflanzen spezialisierte Gärtnereien bieten eine große Auswahl an. Am schönsten ist es natürlich, wenn man in solchen Betrieben im wahrsten Sinne einmal persönlich »Probe schnuppern« kann!

Pelargonien sind Blattdufter, deren Blüten oft eher klein und unscheinbar sind. Dafür verströmen die Blätter bei Berührung einen herrlichen Duft. Sie lassen sich in Potpourris mischen, in Duftsäckchen verpackt in Kleiderschränke hängen oder auch in der Küche als Gewürz verwenden. Pelargonien sollten Sie am besten in Kübeln ziehen, denn sie sind nicht winterhart und müssen im Herbst in einen kühlen, trockenen und frostfreien Raum hereingeholt werden. Am schönsten sieht es aus, wenn Sie die nicht zu großen Kübel den Sommer über auf die Mauer oder in die Pflanzfläche Ihrer Duftspirale stellen. Ganz nebenbei lassen sich so vorübergehende Blütenlücken gut kaschieren, und das Dufterlebnis rund um die Spirale wird umso intensiver.

Gelbe Wiesenraute

Thalictrum flavum, eine wunderschöne Pflanze mit einer Vielzahl filigraner, gelber Blüten mit herrlichem Blütenduft, braucht wenigstens zeitweise feuchten bis nassen, nährstoffreichen, humus- oder torfhaltigen Lehm- oder Tonboden. Am Fuße der Spirale in der Nähe des Wassers ist sie deshalb am besten aufgehoben. Ob sie ohne besondere Vorbereitung des Bodens dort gedeiht, hängt auch davon ab, in welcher Region Deutschlands die Spirale steht. Wo es Sandböden gibt, ist Feuchtigkeit im Sommer weniger leicht zu erreichen als in Regionen mit Lehmböden. Darauf sollten Sie achten und eventuell entsprechende Vorkehrungen treffen.

Die Duftspirale

Mädesüß

Filipendula ulmaria ist eine uralte Kult- und Kulturpflanze und gehörte schon zu den heiligen Pflanzen der Kelten. Als Heilpflanze wird sie wegen ihrer entzündungshemmenden und schmerzlindernden Wirkung traditionell bei Fieber, Grippe und rheumatischen Schmerzen eingesetzt. Der deutsche Name hat nichts mit »Mädchen« zu tun, sondern bezieht sich wahrscheinlich auf die »Mahd« (das Mähen), weil die Pflanze dem Heu ein so gutes Aroma verleiht. Eine andere Deutung weist auf den Brauch hin, Met mit den Blüten des Mädesüß zu würzen.

Wild ist Mädesüß an Bach- und Flussufern, auf feuchten Wiesen und in Gräben anzutreffen. Am Rand des Miniteiches hat die Feuchtigkeit liebende Pflanze deshalb auf der Duftspirale den besten Platz.

Die großen Trugdolden mit ihren weiß- bis cremefarbenen, winzigen Einzelblüten verströmen einen intensiven, an Honig und Mandeln erinnernden Duft. Probieren Sie einmal, die frisch aufgeblühten Dolden zu trocknen und zum Verfeinern von Säften oder Apfel- und Beerengelees zu verwenden. Das feine, süße Aroma wird Sie überraschen!

Der Miniteich

Eine schöne Ergänzung für jede Duftspirale ist ein Miniteich mit *Nymphaea odorata minima*, einer wohlriechenden Zwergseerose, die schon bei einem Wasserstand von zehn bis dreißig Zentimeter gut gedeiht.

Graben Sie ein rundes Loch von mindestens sechzig Zentimeter Durchmesser und fünfzig Zentimeter Tiefe und setzen Sie einen Plastikkübel ein. Alternativ können Sie das Loch auch zuerst mit einer dicken Schicht Sand auspolstern und dann mit spezieller Teichfolie auslegen. Die Seerose wird in einen seitlich durchbrochenen Pflanzkorb aus Weide oder Plastik gepflanzt, der vorher mit einem Stück Jutetuch ausgeschlagen wird. Als Substrat können Sie ungedüngte Gartenerde mit etwa einem Drittel Sand mischen. Manche Seerosenkenner schwören darauf, dem Substrat einige Hand voll Bio-Katzenstreu (unbedingt unbehandelt und frei von Duftstoffen!) beizumischen, die leicht aufquillt und sich ansonsten wie Lehm verhält. Organische Dünger wie Mist, Kompost, Torf oder Mulch dürfen nicht in das Wasser gelangen, da sie zu Fäulnisprozessen und dem Absterben der Seerose führen können.

Befüllen Sie den Pflanzkorb etwa zu zwei Dritteln mit Ihrem Substrat, setzen Sie die Seerosenpflanze vorsichtig ein und bedecken Sie sie bis knapp unter die Oberkante des Rhizoms mit dem restlichen Substrat. Nun schlagen Sie das Jutetuch rund um die Pflanze zusammen, beschweren es anschließend mit einem Stein und senken den Pflanzkorb in den zukünftigen Miniteich. Beim Fluten mit Leitungswasser müssen Sie aufpassen, dass das Substrat nicht herausgeschwemmt wird. Und nun brauchen Sie nur noch darauf zu warten, bis die herrlich duftenden Seerosenblüten an der Wasseroberfläche erscheinen.

Variationen: Spezielle Duftspiralen

Die Gummibärchenspirale
(mit Pflanzen, deren Duft Kinder mögen)

Pflanze	Botanischer Name	Spiralen-Standort	Besonderheiten
Ananassalbei	Salvia rutilans	1	im Kübel
Anisagastache	Agastache anisata	6	
Colapflanze	Artemisia abrotanum var. maritima	4	
Gummibärchenpflanze	Heliotrop ‚Iowa'	3	im Kübel
Kaugummispearmint	Mentha spicata	5	
Lakritztagetes	Tagetes filifolia	1	
Schokoladenpflanze	Berlandiera lyriata	2	
Stevia, Süßkraut	Stevia redaudiana	5	nicht winterhart
Zitronenagastache (Lemonysop)	Agastache mexicana	6	
Zitronenthymian	Thymus citriodorus	3	

Die Duftspirale

Die Tutti-Frutti-Spirale

(Mit fruchtig duftenden Pflanzen, die überwiegend nicht winterhart sind und daher am besten in Töpfe gepflanzt werden, um sie im Winter ins Haus zu holen.)

Pflanze	Botanischer Name	Spiralen-Standort	Besonderheiten
Ananassalbei	*Salvia rutilans*	2	nicht winterhart
Fruchtsalbei	*Salvia dorisiana*	3	nicht winterhart
Krainer Thymian	*Thymus froelichianus*	6	
Peruanischer Salbei	*Salvia discolor*	5	nicht winterhart
Zitronen-bergbohnenkraut	*Satureja montana ssp. citriodora*	6	
Zitronenminze	*Mentha gentilis var. citrata*	5	
Zitronenpelargonie	*Pelargonium crispum ‚Variegatum'*	4	nicht winterhart
Zitronenverbene	*Aloysia triphylla*	1	nicht winterhart

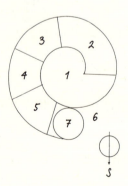

Die Schattenspirale

Eine Frage taucht in den Zuschriften zu meinen ersten beiden Kräuterspiralenbüchern immer wieder auf: »In meinem Garten fehlt das erforderliche Fleckchen in der vollen Sonne – was kann ich da bloß machen?« Die gute Nachricht lautet: Auch für Schattengärten gibt es eine schöne Spiralenlösung.

Schatten im Garten hat ohnehin einen viel zu schlechten Ruf. Allzu tief sitzt das Vorurteil, ohne direkte Sonneneinstrahlung könne nichts recht gedeihen. Aber es kann nicht überall die Sonne scheinen – und das muss sie auch nicht. Schattige Bereiche sind für das Gesamtbild eines Gartens ebenso wichtig wie die sonnigen. Erst das Wechselspiel von Licht und Schatten lässt ihn lebendig werden.

Schattenzonen entstehen durch das Wachstum der Gehölze, schließen sich an Häuser und Mauern an.

Die Schattenspirale

Ja, wir sollten sie sogar gezielt einrichten, denn was ist schöner als der Schatten einer Pergola an einem heißen Sommertag?

Zum Glück gibt es genug Pflanzen, die halb- oder vollschattige Standorte bevorzugen. Von Sonnenstrahlen unerreichte Bereiche im Garten brauchen deshalb kein trostloses Schattendasein zu führen. Mit der richtigen Pflanzenauswahl und ein paar schönen Ideen lassen sich diese Bereiche in lauschige Plätze verwandeln, die für Ruhe und Erholung abseits der Sommerhitze wie geschaffen sind. Eine dieser Ideen ist die üppig bewachsene Schattenspirale, die sowohl für beschattete Gartenbereiche als auch z. B. für vormals triste Innenhöfe oder andere von der Sonne nicht verwöhnte Plätze bestens geeignet ist. Aus vermeintlichen gärtnerischen Problemzonen werden so neue Grünoasen, die Auge und Geist Erholung und Entspannung bieten.

Schattige Standorte haben für Pflanzen übrigens auch durchaus Vorteile. In der prallen Sonne stehen Pflanzen ständig unter Stress, denn über die Blätter gibt es einen enormen Wasserverlust, und die Wurzeln kommen mit der Nachlieferung von Feuchtigkeit kaum nach. Pflanzen, die sich mit schattigeren Standorten zufriedengeben, bekommen zwar weniger Sonnenenergie ab, müssen dafür aber nicht mit ihren Wasserreserven knapsen.

Bei näherer Betrachtung gibt es mehr Schatten liebende Pflanzen, als man denkt. Und von jeder Pflanzenart gibt es Vertreter, die sogar im Schatten blühen. Viele Schattenpflanzen bestechen außerdem durch ihr schönes Laub, das vom Frühjahr bis zum Herbst reizvolle Akzente setzt. Manche sind sogar wintergrün.

Damit der Schattenbereich nicht zu dunkel ausfällt, empfiehlt es sich, Pflanzen mit hellen gelben, rosafarbenen oder weißen Blüten auszuwählen. Auch durch auffälliges Laub lässt sich der Gesamteindruck aufhellen. Eine ganze Reihe von Schattenpflanzen hat Blätter mit hellen Streifen oder Flecken. Eine schöne Ergänzung zur Spirale sind außerdem Kübelpflanzen, die sich im Schatten wohlfühlen, weil dort die Erde nicht so schnell austrocknet wie in der prallen Sonne. Stecken Sie zusätzlich im Spätherbst reichlich Schneeglöckchen- und Krokuszwiebeln ein, die ebenfalls ohne Sonne blühen, dann erwacht Ihre Schattenspirale schon im zeitigen Frühjahr zu buntem Leben.

Steckbrief: **Schattenspirale**
Standort: schattig bis halbschattig
Substrat: Gartenboden, im oberen Bereich mit Kalkschotter gemischt
Bepflanzung: schattenverträgliche Kräuter

Pflanze	Botanischer Name	Spiralen-Standort	Besonderheiten
Christrose	*Helleborus niger*	1	
Frauenmantel	*Alchemilla vulgaris*	5	
Kärntnerminze	*Mentha austriaca*	4	bildet Ausläufer, Rhizomsperre
Lungenkraut	*Pulmonaria angustifolia*	3	wächst teppichartig
Minzpelargonie	*Pelargonium tomentosum*	5	nicht winterhart, Kübelpflanze
Römische Kamille	*Anthemis nobilis var. plena*	1	wächst teppichartig
Schöllkraut	*Chelidonium majus*	4	
Sumpfvergissmeinnicht	*Myosotis palustris*	7	bildet Ausläufer
Türkenbundlilie	*Lilium martagon*	2	Zwiebelpflanze
Waldmeister	*Galium odoratum*	2	
Wurmfarn	*Dryopteris filix-mas*	3	

Die Schattenspirale

Um die richtigen Pflanzen auszuwählen, sollten Sie die fragliche Fläche ein paar Sommertage lang aufmerksam beobachten: Wie viel Sonne bekommt sie tatsächlich ab? Weniger als zwei Stunden am Tag gelten als Vollschatten, zwei Stunden bis zu einem halben Tag als Halbschatten. Unser Bepflanzungsvorschlag für die Schattenspirale ist für schattige bis halbschattige Standorte gedacht.

Schattige Gartenbereiche stecken voller Überraschungen. Im Hochsommer erweisen sie sich als wahrer Segen, an heißen Tagen avancieren sie rasch zum Lieblingsplatz. Ergänzen Sie Ihre Schattenspirale mit anderen Gestaltungsideen wie einem plätschernden Wasserlauf, der an einen erfrischenden Waldbach erinnert. Verschiedene »Sammlerstücke« wie Töpfe, Steine oder Figuren, alte Wurzeln, Totholz oder mit Moos bewachsene Steine zaubern im Schattengarten zusätzlich eine schöne, romantische Stimmung. Vergessen Sie aber vor allem den gemütlichen Sitzplatz nicht, damit Sie im nächsten Sommer Ihr grünes Schattenparadies auch rundum genießen können.

Bauen

Beim Bauen einer Schattenspirale können Sie sich an die Bauanleitung für die klassische Kräuterspirale halten (siehe Seite 11). In die Mitte schütten Sie einen Kegel aus kalkhaltigem Bauschutt oder Kalkschotter, auf den Sie die innere, gekrümmte Mauer aufsetzen können. Nehmen Sie aber nicht zu viel Schotter, denn das Klima soll insgesamt eher feucht bleiben, eine starke Drainagewirkung wäre eher unerwünscht.

Zum Befüllen nehmen Sie ganz normalen Gartenboden, den Sie im obersten Bereich mit Kalkschotter mischen, aber achten Sie auf die Wasserhaltefähigkeit.

Wenn Sie möchten, dass sich die Steine Ihrer Spirale rasch bemoosen, können Sie sie mit Milch oder Joghurt bestreichen.

Die Schattenspirale

Pflanzen

Warten Sie nach dem Befüllen der Spirale einige Zeit ab, bis sich die Erde gesetzt hat. Verteilen Sie dann die Pflanzen erst einmal in ihren Töpfen nach dem Pflanzschema gleichmäßig auf der Spirale und setzen Sie sie dann vorsichtig so ein, dass sie auf der gleichen Höhe wie vorher im Topf zu stehen kommen. Einzige Ausnahme ist die Minzpelargonie, die Sie in einem Kübel in die Spirale oder auf die Trockenmauer aufsetzen können.

Vergessen Sie nicht, großzügig anzugießen und auch in den folgenden Wochen bei Trockenheit regelmäßig zu wässern, bis die Pflanzen eingewachsen sind.

Pflanzschema:

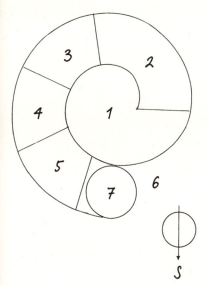

1 – Römische Kamille, Christrose
2 – Waldmeister, Türkenbundlilie
3 – Wurmfarn, Lungenkraut
4 – Schöllkraut, Kärntnerminze
5 – Frauenmantel, Minzpelargonie
6 – keine Bepflanzung neben der Spirale vorgesehen
7 – Sumpfvergissmeinnicht

Die Pflanzen und Kräuter im Einzelnen

Römische Kamille

Anthemis nobilis var. plena ist eine Kamillenart, die sich von der Echten Kamille vor allem durch ihre Zungenblüten unterscheidet. In Südeuropa, vor allem in Frankreich, wird sie anstelle der Echten Kamille als Heilpflanze mit antibakterieller Wirkung verwendet. Bekannt ist auch ihr beruhigender Einfluss bei Menstruationsbeschwerden und Verdauungsproblemen. Allein oder als Mischung mit anderen Kräutern wird sie gern als Tee getrunken. In der Kosmetik wird sie zur Haarpflege und zur natürlichen Aufhellung nachgedunkelter blonder Haare eingesetzt. Für eine pflegende Kamillen-Haarspülung für gesundes, glänzend blondes Haar übergießen Sie eine Handvoll Kamillenblüten mit einem halben Liter kochendem Wasser, lassen die Flüssigkeit abkühlen und seihen dann ab. Nach dem nächsten Haarewaschen können Sie sie als Spülung verwenden, die Sie vor dem Trocknen nicht wieder ausspülen sollten.

Die Römische Kamille duftet herrlich fruchtig und setzt mit ihren kleinen, weißen Blüten hübsche Farbakzente auf der Schattenspirale. Da sie sich teppichartig ausbreitet, kann sie, z. B. rund um die Kräuterspirale, auch als bodendeckender Duftrasen angepflanzt werden. Breitet sie sich auf der Spirale zu stark aus, können Sie sie an den Rändern abstechen und an eine andere Stelle im Garten setzen.

Die Römische Kamille mag den Halbschatten, kann Staunässe aber nicht so gut vertragen. Oben an der Spitze der Schattenspirale ist sie deshalb besonders gut aufgehoben.

Christrose

Helleborus niger wächst wild nur noch sehr selten in Gebüschen und an Waldrändern und steht deshalb unter Naturschutz. Im Garten erfreut sie als einer der ersten Frühblüher schon ab Februar, weshalb man sie auch »Schneerose« nennt. Weil es sich bei den anemonenähnlichen, weißen oder leicht rötlichen Blüten eigentlich um die Kelchblätter handelt, die nicht abgeworfen werden, sind sie auch in der Vase sehr lange haltbar. Während des Verblühens färben sich die Blütenblätter allmählich grün. Weil sie kalkhaltigen Boden benötigt, fühlt sich die Christrose in einer Mischung aus Gartenboden und Kalkschotter besonders wohl. Sagt ihr ein Platz zu, sät sie sich auch selbst aus, deshalb sollten Sie rund um die Christrose stets nur vorsichtig jäten. Mit ihren immergrünen Blättern bildet sie das ganze Jahr über einen schönen Hingucker auf der Schattenspirale.

Die Christrose ist giftig und wird deshalb heute kaum noch als Heilpflanze verwendet. Der Zusatz *niger* (lat. = schwarz) kommt von den schwarzen Wurzeln, die früher getrocknet und zu Heilzwecken sowie für Niespulver und Schnupftabak verwendet wurden. Einer ihrer volkstümlichen Namen lautet deshalb auch »Schwarze Nieswurz«. Unter der Bezeichnung »Helleborus« kommt sie in der Homöopathie bis heute zum Einsatz.

Waldmeister

Galium odoratum wächst wild am liebsten in schattigen Laubmisch- und Buchenwäldern. Auch auf der Schattenspirale gedeiht er prächtig und erfreut mit seinen filigranen Blättern und schneeweißen Blüten. Vor der Blüte im Mai gesammelt, ist er vor allem als Gewürz für die Maibowle beliebt. Früher wurde er auch zum Aromatisieren von Süßspeisen wie Götterspeise, Limonade, Eis sowie von Likör und Bier (»Berliner Weiße mit Schuss«) verwendet. Kommerziell vertriebene Lebensmittel dürfen seit 1981 in Deutschland wegen der Giftigkeit des im Waldmeister enthaltenen Cumarins jedoch nur noch künstlich gefärbt und aromatisiert werden.

Cumarin wird besonders beim Verwelken der Waldmeisterblätter freigesetzt und ist für den typischen Waldmeister-Geruch verantwortlich. In einem Büschel, wie wir es für die berühmte Bowle verwenden, ist der Gehalt an Cumarin aber so gering, dass wir das köstliche Frühlingsgetränk unbesorgt genießen können. Für die alkoholische Variante binden Sie ein großes Bund vor der Blüte geernteten, leicht angewelkten Waldmeister mit Haushaltsgarn zusammen. Gießen Sie eine Flasche Weißwein in ein Bowlegefäß und lösen Sie hundertfünfzig Gramm Zucker darin auf. Lassen Sie den Waldmeister kopfüber so hineinhängen, dass die Stielenden nicht mit dem Wein in Berührung kommen. Nach einer Ziehzeit von mindestens einer halben Stunde geben Sie zwei weitere Flaschen Wein dazu und gießen kurz vor dem Servieren noch eine Flasche gekühlten Sekt dazu. Für eine Maibowle ohne Alkohol lassen Sie den Waldmeister in einem Liter Apfelsaft und einem halben Liter Mineralwasser mit Kohlensäure ziehen. Anschließend geben Sie noch zwei unbehandelte, in Scheiben geschnittene Zitronen dazu und gießen kurz vor dem Servieren einen weiteren halben Liter gekühltes Mineralwasser dazu.

Türkenbundlilie

Lilium martagon ist eine seltene, unter Naturschutz stehende Pflanze, die am liebsten in reinen Laubwäldern wächst und in unseren Breiten vielerorts fast ausgerottet ist. Daran sind in diesem Fall nicht nur die Menschen, sondern auch die vielen Rehe in unseren Wäldern schuld, weil sie die Türkenbundlilie als Delikatesse schätzen. Dabei haben es ihnen besonders die prächtigen, rotgefleckten Blüten und die Blätter angetan. In Sibirien, wo es noch reichlich Türkenbund gibt, essen die Menschen die gekochten Zwiebeln wie Gemüse.

Da die Türkenbundlilie drainierte, leicht kalkhaltige Standorte in halbschattiger Lage bevorzugt, ist sie für die Schattenspirale gut geeignet. Zwischen Juni und August erscheinen die hübschen Blüten mit den weit zurückgebogenen, gleichmäßigen Blütenhüllblättern, die sich so weit nach außen rollen, dass ihre Spitzen am Stiel aufeinandertreffen. Daraus ergibt sich die typische türkische Turbanform, die der Pflanze ihren Namen gab.

Die Alchemisten glaubten, mit der Zwiebel unedles Metall in Gold umwandeln zu können, sodass die Türkenbundlilie in hohem Ansehen stand und mit einer Vielzahl geheimnisvoller Geschichten verbunden ist. Auch auf mittelalterlichen Altarbildern und mehreren Gemälden berühmter Maler wie Leonardo da Vinci sticht sie deutlich hervor – eine neue Art »Da Vinci Code«? Darüber können Sie beim Betrachten der schönen Lilien auf Ihrer Schattenspirale in aller Ruhe spekulieren ...

Lungenkraut

Pulmonaria angustifolia ist eine Wald- und Schattenpflanze, die in ganz Europa in Laub- und Mischwäldern, vor allem aber an deren Rändern und auf angrenzenden Wiesen wächst. Sie liebt kalkhaltige Böden und ist deshalb im oberen Bereich der Schattenspirale mit seiner Mischung aus Gartenboden und Kalkschotter sehr gut aufgehoben.

Die wunderschönen Blüten des Lungenkrauts erscheinen im März und April und werden eifrig von Bienen und Hummeln aufgesucht. Faszinierend ist der Farbwechsel der Blüten, der den Insekten zur Orientierung dient. Sie enthalten einen zu den Anthocyanen gehörenden Farbstoff, der bei einer Änderung des Säuregehalts die Farbe von Rot (sauer) auf Blau (basisch) wechselt. Die jungen, unbestäubten Blüten sind rosa, was die Bienen über die ultraviolette Strahlung wahrnehmen können. Nach der Bestäubung wird das Milieu des Zellsaftes neutral bis basisch, sodass die bereits bestäubten Blüten blau erscheinen.

Nach der Blüte sorgt das Lungenkraut mit seinem hübschen, weiß gefleckten Laub für eine optische Belebung der Schattenspirale. Die an die menschliche Lunge erinnernden Blätter waren es auch, die die Menschen früher auf eine entsprechende Heilwirkung der Pflanze schließen ließen. Tatsächlich ist die Wirksamkeit bei allen Lungenkrankheiten aus der Volksmedizin vielfach bestätigt. Lungenkraut wird bis heute als Heilkraut gesammelt und gilt als Hustenreiz lindernd und entzündungshemmend. Wahrscheinlich geht die Heilwirkung von einem hohen Gehalt an löslicher Kieselsäure aus, da diese die Elastizität des Lungengewebes verbessern kann.

Lungenkrautblätter und -blüten können übrigens auch gegessen werden. In kleinen Mengen sind sie eine Zierde für jeden Blattsalat.

Wurmfarn

Dryopteris filix-mas wächst wild in Schattenbereichen feuchter Mischwälder, wo er sich oft über große Flächen ausbreitet. Wurmfarn ist giftig und wird deshalb in der Pflanzenheilkunde nur noch äußerlich angewendet. Früher wurde er als Mittel gegen Bandwürmer eingesetzt, was ihm den Namen gab. Analysen ergaben, dass er einen Stoff enthält, der auf Band- und Spulwürmer lähmend wirkt. Durch ein anschließend gegebenes Abführmittel konnten sie deshalb rasch ausgeschieden werden. Wegen der Giftigkeit der Pflanze sollten solche »Wurmkuren« jedoch nicht mehr durchgeführt werden.

Farne gelten als Könige des Schattengartens, sind äußerst dauerhaft und ornamental. Es gibt Farnfans, die bis zu vierhundert verschiedene Farnsorten in ihrem Garten kultivieren, und Spezialgärtnereien für Freilandfarne (siehe Seite 196).

Auch auf der Schattenspirale macht der Farn eine äußerst attraktive Figur. Zur Spiralform hat er außerdem eine besondere Affinität. Beobachten Sie einmal, wie sich die jungen Farnwedel spiralförmig vom Stängel weg entfalten.

Farne kommen nicht nur in fast allen Ländern vor und sind häufig in Wäldern und Gebüschen anzutreffen, sie gehören auch zu den stammesgeschichtlich ältesten Landpflanzen unserer Erde. Es gab sie schon vor über dreihundert Millionen Jahren.

Schöllkraut

Chelidonium majus ist ein Verwandter des Schlafmohns, auch wenn man ihm dies nicht ansehen mag. Es ist dafür bekannt, dass es gern an Mauern in der Nähe menschlicher Behausungen wächst. Auf der Kräuterspirale wird es deshalb ganz besonders schnell heimisch.

Seine kleinen, gelben Blüten sind willkommene Farbtupfer im Schattengarten, zumal das Schöllkraut von April bis September blüht und immer wieder neue Blüten treibt. Auch die sich aus den Blüten entwickelnden, länglichen Schoten mit den kleinen, schwarzen Samen und das an Eichenblätter erinnernde Laub sind eine echte Zierde für die Schattenspirale.

Das Schöllkraut war von alters her eine beliebte Heilpflanze für Leber und Galle. Wegen seiner krampflösenden Wirkung wurde es auch bei Menstruationsbeschwerden, Magenschmerzen, Reiz- und Krampfhusten eingesetzt.

Beim Umgang mit Schöllkraut ist allerdings Vorsicht angesagt, da es in zu hoher Dosierung giftig wirken kann. Von einer innerlichen Anwendung ist deshalb abzuraten. Bei starker Sonneneinstrahlung kann es äußerlich zu Hautreizungen kommen.

Der beim Abbrechen der Stängel zum Vorschein kommende, ätzende gelbe Saft gilt als wirksames Warzenmittel.

Kärntnerminze

Mentha austriaca liebt im Garten ein feuchtes, schattiges Plätzchen. Mit ihrem schlanken Wuchs, den dunkelgrünen Blättern und den kleinen, rosafarbenen Blüten ist sie eine echte Bereicherung für die Schattenspirale.

Besonders bemerkenswert ist jedoch ihr starkes, süß-würziges Aroma mit wenig Menthol, das sie für die Verwendung in der Küche besonders reizvoll macht. Den berühmten »Kärntner Kasnudeln« verleiht sie damit ihren einzigartigen Geschmack.

Wie alle Minzen hat auch die Kärntnerminze den unwiderstehlichen Drang, sich mittels kräftiger Seitentriebe in die Fläche auszubreiten. Gebieten Sie ihr deshalb gleich von vornherein Einhalt, indem Sie von einem alten Zehn-Liter-Eimer den Boden absägen und ihn so in die Kräuterspirale eingraben, dass er etwa einen Zentimeter aus dem Boden schaut. Dort hineingepflanzt, kann die Minze zwei bis drei Jahre unbehelligt wachsen, ehe der Boden erschöpft ist und durch neue Erde ersetzt oder gedüngt werden muss.

Frauenmantel

Alchemilla vulgaris kennen wir als »Heilkraut der Frauen« bereits von der Heilkräuterspirale (siehe Seite 40). Seinen Namen verdankt er den halbkreisförmigen Blättern, die den Eindruck erwecken, als besäßen sie eine feine Fältelung wie ein weit schwingender Mantel. Der botanische Name »Alchemilla« geht auf »Alchemie« zurück, da die mittelalterlichen Alchemisten versuchten, den von der Pflanze selbst produzierten, glasklaren Tautropfen in der Mitte der Blätter zur Goldherstellung einzusetzen.

Die schönen, großen Blätter und die üppigen, hellgrünen Blüten, die von Mai bis September erscheinen, machen den Frauenmantel zu einem attraktiven Schattenspiralengast. In der Naturheilkunde wird er bis heute bei allen möglichen »Frauenleiden« eingesetzt. Die frischen, zerquetschten Blätter können bei Stich-, Stoß- und Schnittwunden aufgelegt werden. Nach Paracelsus gibt es keine Wunde, die der Frauenmantel nicht heilen kann.

Die jungen Frauenmantelblätter sind aber auch essbar und schmecken pikant pfeffrig. Würzen Sie einmal Frischkäse mit sehr fein gehackten jungen Frauenmantelblättern, Salz, Pfeffer und etwas Senf – ein ungewöhnlicher, sehr schmackhafter Brotaufstrich.

Minzpelargonie

Die breitwüchsige *Pelargonium tomentosum* ist eine der wenigen Duftpelargonienarten, die am liebsten im Halbschatten wächst. Für die Schattenspirale ist sie deshalb wie geschaffen. Als Kübelpflanze ist sie mehrjährig, treibt jedes Jahr aus den Wurzelstöcken neu aus und sollte frostfrei und kühl, aber hell überwintert werden.

Stellen Sie sie im Topf als Lückenfüller in die Spirale oder als besonderes Schmuckstück auf die Trockenmauer. Auch rund um die Schattenspirale sind Kübel mit Minzpelargonien eine schöne Ergänzung.

Neben den hellrosa Blüten, die von Mai bis September erscheinen, fallen besonders die weichen, behaarten Blätter der Minzpelargonie ins Auge. Manche sprechen auch von der »Streichelpelargonie«, weil die samtweichen Blätter, in England *fairy blankets* (= Feendecken) genannt, zum Streicheln einladen.

Aber auch die Nase kommt nicht zu kurz, denn die samtigen Handschmeichler verströmen zusätzlich einen äußerst angenehmen, klaren Minzenduft. Sie können für Potpourris und Duftsäckchen oder überall dort eingesetzt werden, wo man in der Küche mit minzigen Düften aromatisieren will. Probieren Sie unbedingt auch einmal einen frisch gebrühten Minzpelargonien-Tee!

Sumpfvergissmeinnicht

Myosotis palustris ist mehrjährig und kommt in ganz Deutschland und Teilen Europas wild auf nassen Wiesen und an sumpfigen Rändern von Gewässern, Gräben oder kleinen Seen vor. Es blüht unermüdlich von Mai bis in den September, manchmal sogar bis in den Oktober hinein und ist wegen dieser langen Blütezeit ein besonders hübscher Farbtupfer am Fuß der Schattenspirale.

Schon im alten Griechenland galt das Vergissmeinnicht als heilige Blume der treu Liebenden. Aber auch als Heilpflanze wurde und wird es eingesetzt. Aus den Blüten und dem ganzen Kraut wird ein Sirup gemacht, der bei Lungenbeschwerden, Husten und Erkältung zum Einsatz kommt. Ein Teeaufguss soll bei Erschöpfung und Augenerkrankungen helfen.

Sumpfbeet oder Feenteich

Ein kühles Sumpfbeet passt ganz besonders gut zum Charakter der Schattenspirale und schafft ideale Wachstumsbedingungen für das Sumpfvergissmeinnicht. Vielleicht ergänzen Sie es noch um einen Quellstein oder ein anderes plätscherndes Wasserspiel? Und wenn Sie ein wenig Kitsch nicht scheuen, stellen Sie eine hübsche kleine Elfenfigur oder eine Nymphe aus Stein oder Metall dazu.

Wichtig sind immerfeuchte Bedingungen bei einem Wasserstand von fünf bis fünfzehn Zentimetern. Besonders im Sommer, aber auch in allen anderen Trockenperioden ist darauf zu achten, dass das Sumpfbeet niemals trockenfällt.

Für das Sumpfbeet heben Sie am Fuß der Schattenspirale die gewünschte Fläche etwa vierzig Zentimeter tief aus. Der Grund der Kuhle sollte von spitzen Steinen, Wurzeln oder Scherben völlig frei sein. Legen Sie zum Schutz der Folie ein Gartenvlies aus und decken Sie darauf die Folie. Die Folie sollte so großzügig bemessen sein, dass sie oben übersteht, und auch erst dann abgeschnitten werden, wenn das Sumpfbeet ganz fertig ist. Etwa zwei Drittel des Sumpfbeets sollten mit Kies ausgefüllt werden. Einige größere Steine können helfen, die richtige Pflanzhöhe zu finden und die Pflanzen später zu beschweren, damit sie nach dem Einlassen des Wassers nicht nach oben schwimmen. Zum Schluss wird der Folienrand nicht zu knapp abgeschnitten und von beiden Seiten mit Steinen festgehalten, sodass eine Kapillarsperre entsteht.

Schließlich wird das Sumpfvergissmeinnicht so eingesetzt, dass es mit den unterirdischen Pflanzenteilen unter dem späteren Wasserspiegel zu stehen kommt. Zum Schluss gießen Sie vorsichtig so viel Lei-

Die Schattenspirale

tungswasser an, dass der kleine Sumpf zum Boden seiner Umgebung bündig anschließt.

Eine schöne Alternative zum Sumpfbeet ist ein kleiner Feenteich. Eine kreisrunde Fläche am Fuß der Schattenspirale wird dafür flach schüsselförmig ausgehoben (denken Sie an eine breite Salatschüssel oder eine Satellitenschüssel) und mit Sand und Teichfolie ausgekleidet. Anschließend wird die Folie flach mit dunklen Kieselsteinen bedeckt. Auf diesen dunklen Hintergrund wird nun mit möglichst hellen, flachen Steinen (z. B. aus weißem Marmor) eine Spirale ausgelegt. Mit Wasser aufgefüllt, ergibt sich eine wunderhübsche flache Spiegelfläche, die auch Vögel und andere Tiere zum Trinken einlädt.

Nach Belieben können Sie etwas Feenmoos *(Azolla caroliniana)* einsetzen oder einige Feenfiguren über dem Wasser schweben oder am Rand des Miniteiches ruhen lassen – eine kleine, romantische Oase in Ihrem Schattenparadies!

Die Bibelspirale

»Steh auf, Nordwind, und komm, Südwind, und wehe durch meinen Garten, dass der Duft seiner Gewürze ströme!« (Hohelied Salomos, 4,16)

Als ich vor einigen Jahren liebe Verwandte in Schleswig besuchte und mit ihnen durch den malerischen Stadtteil Holm zum St. Johanniskloster mit dem Bibelgarten und dem angrenzenden Skulpturenpark spazierte, war ich fasziniert von diesem schönen Themengarten und begann natürlich sofort darüber nachzudenken, ob sich diese Idee nicht auch mit der Spiralenform zusammenbringen ließe. Wäre der Bau einer Bibelspirale nicht ein lohnendes Projekt für konfessionelle Kindergärten, Schulklassen und Konfirmationsgruppen, kirchliche Freizeitheime, Pfarrgärten und Kirchengemeinden?

Bibelgärten gibt es bereits an vielen Orten. Eine entsprechende Website listet dreiundsechzig Gärten in Deutschland und seinen Nachbarländern auf. Manche sind klein und fein wie der hübsche Bibelgarten

in Schleswig. Andere sind außerordentlich aufwendig gestaltet wie der Bibelgarten in Oberlichtenau bei Dresden mit Tenne, Ölpresse, Backofen, Felsengrabnachbildung und vielen anderen effektvollen Gestaltungselementen, die uns die Welt der Bibel näher bringen sollen.

Im niedersächsischen Schöningen fand anlässlich des zehnjährigen Bestehens des örtlichen Bibelgartens eine bundesweite Tagung deutscher Bibelgärtnerinnen und -gärtner statt. Immerhin vierzig Abgesandte aus zwanzig Bibelgärten folgten der Einladung, informierten sich durch Fachvorträge und pflegten den Erfahrungsaustausch. Weitere zweijährliche Treffen sollen folgen.

Auch in Österreich und in der Schweiz, in Dänemark, in den Niederlanden, in England, Irland, Israel und in den USA kann man Bibelgärten besuchen. Ihre Beliebtheit hängt sicherlich damit zusammen, dass sie über ihre Anschaulichkeit das Interesse an den alten Texten wecken und die Bibel nicht nur als Heilige Schrift, sondern auch als kulturgeschichtliches Dokument erfahrbar machen.

Der älteste Garten, den wir mit Namen kennen, wird in der Bibel beschrieben: der Garten Eden – ein paradiesischer Garten »mit allerlei Bäumen, verlockend anzusehen und gut zu essen« (1. Buch Mose 1,9). Und auch in den späteren Büchern der Bibel werden immer wieder Pflanzen erwähnt. Dies liegt wohl daran, dass in biblischer Zeit Pflanzen intensiv in das religiöse Leben einbezogen wurden. Jedenfalls weist die Bibel auf eine Vielzahl von Riten, Festen, Geboten und Vorschriften hin, die mit dem Anbau, der Pflege und der Nutzung von Pflanzen zu tun haben. Vor allem alte Bäume wurden regelrecht verehrt und galten als Symbole göttlicher Macht. Ein deutlicher Hinweis für die starke Verbindung von Religiosität und Pflanzenwelt zeigt sich auch in der zeitlichen Festlegung der großen Feste im Jahreslauf: Das Passahfest wird im Frühling gefeiert, wenn die Gerste zu reifen beginnt, und das Laubhüttenfest im Herbst beim Einbringen der Ernte.

Gemeinsam ist allen in der Bibel erwähnten Pflanzen, dass sie seit Jahrtausenden bekannt sind und den Menschen als Nahrungs- und Gewürzmittel, als Baumaterial oder Tierfutter dienen. Einige gelten als Symbolpflanzen für Liebe, Gesundheit oder Fruchtbarkeit. In entsprechenden Zusammenstellungen finden sich etwa hundertzehn in der

Die Bibelspirale

Steckbrief: **Bibelspirale**
Standort: sonnig
Substrat: Gartenboden bis kalkhaltig durchlässig
Bepflanzung: Pflanzen, die in der Bibel eine Rolle spielen

Pflanze	Botanischer Name	Spiralen-Standort	Besonderheiten
Aloe	*Aloe vera*	6	im Kübel
Dill	*Anethum graveolens*	5	einjährig
Feige	*Ficus carica*	6	Strauch, bis -5 °C winterhart
Granatapfel	*Punica granatum*	6	Strauch, bis -12 °C winterhart
Hartweizen	*Triticum durum*	4	einjährig
Knoblauch	*Allium sativum*	3	Zwiebelpflanze
Koriander	*Coriandrum sativum*	4	einjährig
Madonnenlilie	*Lilium candidum*	5	Zwiebelpflanze
Mariendistel	*Silybum marianum*	4	ein- bis zweijährig
Ölbaum	*Olea europaea*	6	Baum, bis -5 °C winterhart
Schwarzkümmel	*Nigella sativa*	5	einjährig
Flechtbinse	*Scirpus lacustris*	7	bildet Ausläufer
Syrischer Ysop	*Origanum syriacum*	2	braucht Winterschutz
Weinrebe	*Vitis vinifera*	6	braucht ein Rankgerüst
Zwergmandelbäumchen	*Prunus tenella*	1	Zwergstrauch 1 m hoch

Die Bibelspirale

Bibel erwähnte Pflanzen, deren exakte botanische Bestimmung aufgrund mancher Ungenauigkeiten bei den vielen Übersetzungen übrigens nicht immer ganz einfach ist.

Nicht alle diese Pflanzen wachsen und gedeihen natürlich in unseren Breiten, und so gilt es, für einen Bibelgarten diejenigen auszuwählen, die auch bei uns überdauern können. Außerdem sind viele Bäume wie der Granatapfelbaum oder der Johannisbrotbaum darunter, die einen entsprechend großen Platzbedarf haben. Für die Bibelspirale haben wir deshalb aus der Fülle der Bibelpflanzen diejenigen ausgewählt, die sich am ehesten zu einem harmonischen Spiralenganzen zusammenfügen lassen. Es ist nur eine kleine Auswahl der Möglichkeiten, aber bestimmt ein lohnender Anstoß, sich tiefergehend mit diesem faszinierenden Thema zu befassen.

Möge Ihre Bibelspirale ein kleines Abbild des »guten Landes« sein, von dem im 5. Buch Moses (8,8 und 9) die Rede ist: »ein Land, darin Weizen, Gerste, Weinstöcke, Feigenbäume und Granatäpfel wachsen, ein Land, darin es Ölbäume und Honig gibt, ein Land, wo du Brot genug zu essen hast und wo dir nichts mangelt.«

Bauen

Beim Anlegen der Bibelspirale können Sie der Bauanleitung für die klassische Kräuterspirale folgen (siehe Seite 11). Eine Drainageschicht unter der Spirale wird nicht benötigt, sodass Sie gleich mit dem Gartenvlies beginnen können. Wählen Sie einen sonnigen Standort mit reichlich Platz im Umfeld, sodass Sie die Bäume (Ölbaum, Feige, Granatapfel) halbkreisförmig hinter der Spirale platzieren können. Je nachdem, wo Sie wohnen und welches Klima dort vorherrscht, können Sie die frostempfindlichen Bäume entweder in Kübeln ziehen und in den Wintermonaten ins Haus holen oder einpflanzen und – eventuell mit einem entsprechenden Winterschutz – im Garten überwintern. Zwischen den Bäumen könnten Sie dann eine Rankhilfe für den Wein anbringen. Ideal wäre auch, die Spirale in der Nähe der Südwand des Hauses unterzubringen und die Bäume vor diese Wand zu pflanzen. Die Rankhilfe für den Wein könnte dann auch gleich an die Wand geschraubt werden. In

Die Bibelspirale

beiden Fällen entsteht so ein harmonisches Gesamtensemble – Ihr eigener kleiner Bibelgarten.

Pflanzen

Zwergmandelbäumchen, Syrischer Ysop, Madonnenlilie und Flechtbinse sind die vier ausdauernden Bewohner der Bibelspirale. Während der Wein und die drei Bäume (Ölbaum, Feige, Granatapfel) außerhalb der Spirale zu stehen kommen und diese z. B. in Form einer bogenförmigen Pergola umrahmen, wird Aloe vera im Kübel gezogen und in der Nähe des Sumpfbereichs auf den möglichst flach auslaufenden Rand der Spirale gestellt, wo sie sich sehr schön im Wasser spiegeln kann. Die anderen Bibelspiralenpflanzen sind einjährig und müssen im Frühjahr jeweils neu ausgesät (Dill, Koriander, Kreuzkümmel) oder als Pflanze neu eingesetzt werden (Mariendistel). In jedem Fall lohnt es sich daher, den Bau der Bibelspirale für das Frühjahr einzuplanen, damit Sie nicht mit der »Durststrecke« im Winter beginnen müssen, sondern gleich alle Pflanzen beim Wachsen und Gedeihen beobachten können.

Pflanzschema:

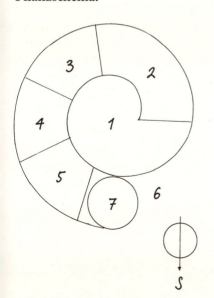

1 – Zwergmandelbäumchen
2 – Syrischer Ysop
3 – Knoblauch
4 – Mariendistel, Hartweizen, Koriander
5 – Dill, Schwarzkümmel, Madonnenlilie
6 – Weinrebe, Ölbaum, Feige, Granatapfel, Aloe vera
7 – Flechtbinse

Die Pflanzen und Kräuter im Einzelnen

Zwergmandelbäumchen

Prunus tenella ist ein äußerst attraktiver Kleinstrauch, der bis zu einem Meter hoch wird und im Frühling vor bzw. während des Laubaustriebes rosarote, bis zu drei Zentimeter große Blüten treibt. Schon bald nach der Blüte sollten alle Triebe bis auf eine Länge von zehn bis zwanzig Zentimeter zurückgeschnitten werden, dann sprießen junge Triebe, die im nächsten Frühjahr wieder üppig blühen.

In der Bibel werden Mandelbäume vielfach erwähnt, galten Mandelkerne doch schon zu biblischen Zeiten als köstliche Leckerbissen und wertvolle Energiespender. Im ersten Buch Mose (30,37) finden sie sich in einer Aufzählung biblischer Bäume: »Und Jakob nahm frische Stäbe von Pappeln, Mandelbäumen und Platanen und schälte weiße Streifen daran aus, sodass an den Stäben das Weiße bloß wurde.«

Syrischer Ysop

Ysop ist das »heilige Kraut« (griechisch *hyssopos*, hebräisch *ezob*), das man zur Tempelreinigung und zur rituellen Waschung Leprakranker verwendete. Im Alten Testament (Psalm 51, Vers 7) heißt es unter anderem: »Reinige mich mit Ysop, und ich werde rein sein; wasche mich, und ich werde weißer sein als Schnee.«

Hinter dem biblischen Ysop verbirgt sich nach übereinstimmender Meinung der Fachleute nicht die bei uns bekannte Heilpflanze *Hyssopus officinalis*, sondern *Origanum syriacum*, der so genannte »Syrische Ysop«, eine dreißig bis vierzig Zentimeter hohe, selten kultivierte Majoranart und ein wichtiges Gewürz in der traditionellen libanesischen Küche. Sein silbriges Laub und die weißen, von Mai bis Juli erscheinenden Blüten bilden attraktive Hingucker auf der Bibelspirale. Der Syrische Ysop besitzt ein intensiv-würziges Aroma und lässt sich wie Majoran oder Oregano verwenden.

Knoblauch

Allium sativum ist eine Würz- und Heilpflanze und gehört zur Familie der Zwiebelgewächse *(Allicaceae)*. Die deutsche Bezeichnung »Knoblauch« geht auf das althochdeutsche Wort *klioban* (= spalten) zurück; wegen des »gespaltenen« Aussehens der Knoblauchzehen nannte man den Knoblauch im Mittelalter *chlobilou* oder *chlofalauh*. Bis heute gebräuchliche, volkstümliche Bezeichnungen sind außerdem »Knobi«, »Chnobli« (Schweiz), »Knofi«, »Knowwlich« oder »Knofl«. Wegen seiner vielen gesundheitsfördernden Wirkungen wurde der Knoblauch 1989 zur Arzneipflanze des Jahres gewählt.

Wenn Sie die Zehen im März in die Erde stecken, blüht der Knoblauch im Hochsommer. Neben den hübschen Blüten finden sich in den Blütenständen kleine Miniaturzwiebeln, die man auch direkt in den Boden setzen kann. Im September können Sie die Knoblauchknollen vorsichtig ausgraben und, zu Zöpfen gebunden, an einem luftigen Platz trocknen. Größere Knollen erhalten Sie, wenn Sie die Pflanze zweijährig werden lassen. Die kleinen Zwiebeln aus den Blütendolden brauchen ohnehin ein Jahr länger, um sich vollständig zu entwickeln.

Mit seiner starken Würzkraft sorgt der Knoblauch bei vielen deftigen Speisen erst für das richtige Aroma. Ja, der pikante Knobigeschmack kann regelrecht süchtig machen. Kein Wunder, dass das Volk Israel, als es während der Flucht aus Ägypten allzu lange nur Manna zu essen bekommen hatte, sehnsüchtig murrte (4. Buch Mose 11,5): »Wir denken an die Fische, die wir in Ägypten umsonst aßen, und an die Kürbisse, die Melonen, den Lauch, die Zwiebeln und den Knoblauch.«

Mariendistel

»Dornen aus der Wüste« nennt Martin Luther die Mariendistel in seiner Bibelübersetzung (z. B. Richter Kap. 8, Verse 7 und 16). Die ursprünglich im Mittelmeerraum beheimatete zweijährige *Silybum marianum*, die man an ihren großen, grün-weiß marmorierten, dornig gezähnten Blättern sehr gut erkennen kann, war im Altertum hauptsächlich als Gemüse bekannt und spielte als Arzneipflanze nur eine untergeordnete Rolle. Hildegard von Bingen empfahl sie später als Mittel gegen Seitenstechen, wobei sie die »Signaturenlehre« zugrunde legte, nach der äußere Pflanzenmerkmale auf spezifische Wirkungen hinweisen (»Eine stechende Pflanze hilft gegen stechende Schmerzen«). Erst in der

Mitte des 19. Jahrhunderts erkannte man die segensreiche Wirkung der samenartigen Früchte auf die Leber, die durch wissenschaftliche Untersuchungen im 20. Jahrhundert bestätigt wurde.

Der deutsche Name »Mariendistel« geht auf eine Legende zurück: Maria soll beim Stillen einige Tropfen Milch über die Blätter vergossen haben, wodurch diese ihre weiße Marmorierung erhielten.

Hartweizen

Triticum durum, auch »Durumweizen« genannt, ist eine besonders kleberreiche Weizenart, die Wärme und reichlich Nährstoffe braucht und in Europa bevorzugt im Süden angebaut wird. Im Vergleich zu anderen Getreidearten sind die Ähren des Hartweizens rundlich. Sie haben kurze, bewimperte Blattöhrchen, die den Halm umschließen. Aus botanischer Sicht sind Hartweizenkörner wie Nüsse »einsamige Schließfrüchte«.

Nur zehn Prozent des weltweiten Weizenanbaus entfallen auf den Hartweizen, doch sind diese zehn Prozent wichtig für die Herstellung von Teigwaren und Couscous. Vor allem die echte italienische Pasta wird aus Hartweizenmehl oder -grieß gemacht, da sie aus dem normalen, stärkereichen Weich- oder Saatweizen nur schlecht gelingt.

Europa (sogar Italien) importiert heute den Großteil seines Hartweizenbedarfs aus den USA und aus Kanada. Versuchen Sie es einmal mit ein wenig Hartweizen-Selbstversorgung von Ihrer Bibelspirale. Dazu können Sie im April, wenn der Boden über fünfzehn Grad Celsius warm ist, einige Körner in zwei Zentimeter Tiefe aussäen. Nach ein bis zwei Wochen keimen die Pflanzen. Nach weiterem fleißigen Gießen setzen die Pflanzen Ähren an. Die reifen Weizenkörner können Sie gekeimt als Sprossen essen oder getrocknet zu Mehl vermahlen.

In der Bibel wird der Weizen an vielen Stellen erwähnt, am schönsten vielleicht wiederum im Hohelied Salomos (7,3): »Dein Schoß ist wie ein runder Becher, dem nimmer Getränk mangelt. Dein Leib ist wie ein Weizenhaufen, umsteckt mit Lilien.«

Koriander

Coriandrum sativum, auch »Asiatische Petersilie« genannt, ist ein einjähriges Kraut aus der Familie der Doldenblütler, von dem sowohl die Früchte als auch die Blätter als Gewürze verwendet werden, wobei Früchte und Blätter unterschiedliche Aromen haben, also nicht ohne weiteres gegeneinander ausgetauscht werden können.

Probieren Sie beides, Blätter und Früchte, und trocknen Sie die Samen für den Winter.

Am Geschmack der Blätter scheiden sich erfahrungsgemäß die Geister: Während die einen das scharf-bittere Aroma äußerst schätzen, empfinden andere es als eher unangenehm. Die Blätter werden frisch gehackt für Salate und Gemüsegerichte verwendet.

Die Früchte sollten möglichst frisch gemahlen zum Einsatz kommen und würzen – häufig mit Kreuzkümmel kombiniert – Brotteige, herzhaftes Gebäck, Kohlgerichte und Hülsenfrüchte, aber auch Weihnachtsplätzchen. Sie sind fester Bestandteil bestimmter Gewürzmischungen wie Curry oder Lebkuchengewürz.

Koriandersamen wird direkt auf der Spirale etwa ein bis zwei Zentimeter tief ausgesät. Der günstigste Aussaattermin ist der April (die Bodentemperatur sollte mindestens neun Grad Celsius betragen). Der Koriander ist »selbstunverträglich«, d. h., Sie müssen ihn jedes Jahr an einer etwas anderen Stelle aussäen. Auch Kümmel oder Fenchel mag er als Vorfrucht nicht gern.

In der Bibel wird Koriander erwähnt, um den Geschmack des Manna zu beschreiben, z. B. im zweiten Buch Mose (16,31): »Es war wie weißer Koriandersamen und hatte einen Geschmack wie Semmel mit Honig.«

Nicht schlecht, oder? Und trotzdem ist zu verstehen, dass man sich irgendwann nach allzu langem, süßlichem Geschmack nach deftigem Knoblauch sehnt!

Dill

Ähnlich wie der Koriander liefert auch der ursprünglich aus Zentralasien stammende *Anethum graveolens* im Grunde zwei verschiedene Gewürze: die getrockneten Früchte und das frische oder getrocknete Kraut, das allerdings beim Trocknen viel von seinem Aroma verliert. Beide enthalten leicht unterschiedliche ätherische Öle. Das Kraut schmeckt sehr viel süßer als die Früchte, deren Aroma eher an Anis und Kümmel erinnert.

Zudem sieht die Dillpflanze dem Fenchel ähnlich, den wir bereits von der Heilkräuterspirale kennen. Beide gehören zur Familie der Doldenblütler und treiben ähnliche gelbe Blüten, die einen Durchmesser von bis zu fünfzehn Zentimeter aufweisen können. Oft werden die ganzen Dolden geerntet und zum Einlegen von Gurken oder anderen Sauergemüsen verwendet.

Der Name »Dill« hängt wahrscheinlich mit dem Altnordischen *dilla* (= beruhigen, beschwichtigen) zusammen, da Dill schon in früheren Zeiten wegen seiner blähungsvertreibenden Wirkung zur Linderung von Verdauungsbeschwerden bei Kleinkindern verwendet wurde. Andere führen den Namen auf »Dolde« zurück.

Dillsamen können Sie ab dem zeitigen Frühjahr direkt ins Freiland auf Ihre Bibelspirale aussäen. Planen Sie in mehrwöchigem Abstand mehrere Folgesaaten ein, damit immer frischer Dill zur Verfügung steht.

Dass der Dill schon in biblischen Zeiten angebaut und systematisch geerntet wurde, beweist z. B. die folgende Bibelstelle (Jesaja 28,29): »Auch drischt man den Dill nicht mit Dreschschlitten und lässt auch nicht die Walze über den Kümmel gehen, sondern den Dill schlägt man aus mit einem Stabe und den Kümmel mit einem Stecken.«

Schwarzkümmel

Der gleiche Jesajavers wird gern auch angeführt, wenn es um eine der ältesten Arznei- und Gewürzpflanzen, *Nigella sativa*, geht. Archäologische Funde belegen, dass ihn schon die alten Ägypter schätzten. Nofretete nutzte das Öl für ihren königlichen Teint, Tutenchamun bekam ein Fläschchen davon mit ins Grab. Dem Propheten Mohammed wird der Ausspruch zugeschrieben: »Schwarzkümmel heilt alles, außer den Tod.«

Der einjährige Schwarzkümmel ist ein Hahnenfußgewächs *(Ranunculaceae)* und stammt aus dem Mittelmeerraum und dem Orient. Die milchigen Blüten mit mohnähnlichen Kapseln enthalten die Samenkörner, deren aromatischer Duft an Anis erinnert. Die dunkle Samenfarbe gab dem Schwarzkümmel seinen Namen. Trotz dieses Namens ist er jedoch weder mit dem Kümmel noch mit dem indischen Kreuzkümmel verwandt. Es gibt über zwanzig verschiedene Nigella-Arten, doch nur *Nigella sativa* wird die berühmte Heilkraft zugeschrieben. Als besonders wirksam gilt der ägyptische Schwarzkümmel, der in großen Oasen in der ägyptischen Wüste angebaut wird.

Schwarzkümmel enthält über einhundert Wirkstoffe, darunter mehrfach ungesättigte Fettsäuren, Vitamine, Mineralien und ätherische Öle. Das wohlriechende Öl und die würzigen Samenkörner des Schwarzkümmels verleihen vielen Speisen eine pikante, orientalische Note, stärken zugleich aber auch die Abwehrkräfte. Bei Erkältungen und Allergien erweist sich Schwarzkümmel als ebenso wohltuend wie bei Hauterkrankungen, Neurodermitis und Darmerkrankungen.

Säen Sie den Schwarzkümmel ab Mitte April direkt auf der Bibelspirale aus und freuen Sie sich auf die bei Hummeln wie Bienen gleichermaßen beliebten Blüten und die attraktiven Samenstände.

Madonnenlilie

Lilien werden in der Bibel an vielen Stellen erwähnt. »Ich will für Israel sein wie der Tau, es soll blühen wie die Lilie und Wurzeln schlagen wie die Pappel«, heißt es z. B. in Hosea 14,5, und es ist sehr wahrscheinlich, dass es sich bei der von Hosea erwähnten Lilie um die weiße *Lilium candidum* handelt (*candidum* = strahlend weiß). Schon vor über 4000 Jahren wurde diese Lilienart in verschiedenen Ländern rund um das Mittelmeer kultiviert. Sie findet sich auf den Säulenkapitellen vieler antiker Zivilisationen wieder: in Ägypten, in Assyrien, in der minoischen Kultur und im Tempel Salomos in Jerusalem.

Lilium candidum wurde schon früh zum Symbol der Schönheit, der Fruchtbarkeit und des Reichtums. Aufgrund ihrer reinweißen Farbe wurde sie unter christlichem Einfluss zum Symbol der Reinheit, Heiligkeit und Auferstehung, wurde häufig in der Umgebung von Kirchen angepflanzt und ist auf vielen Kirchengemälden zu erkennen, die Maria mit der Lilie zeigen.

Die beste Pflanzzeit für die Madonnenlilie ist der August. Anders als bei anderen Lilien soll die Zwiebel, die bis zu zehn Zentimeter dick werden kann, nur wenige Zentimeter unter der Bodenoberfläche eingesetzt werden. Recht bald nach der Pflanzung bildet sich dann eine üppige Blattrosette, die Sie, um sie vor Frost und Nässe zu schützen, im

Winter mit Tannenreisig abdecken sollten. Im darauffolgenden Frühjahr treibt sie einen Stängel, an dem im Juni/Juli eine Rispe mit bis zu zwanzig stark duftenden, strahlend weißen, trompetenförmigen Blüten erscheint.

»Wie eine Lilie unter den Dornen, so ist meine Freundin unter den Mädchen«, singt Salomo in seinem Hohelied (2,2). Beim Anblick der prächtigen Madonnenlilienblüten wird klar, was er damit meinte.

Weinrebe

»Ich bin der Weinstock, ihr seid die Reben« – wer kennt ihn nicht, den berühmten Vers aus dem Johannes-Evangelium (15,5)? Tatsächlich spielt der Wein auch an vielen weiteren Stellen in der Bibel eine große Rolle, weshalb er eigentlich in keinem Bibelgarten und im Umfeld keiner Bibelspirale fehlen darf.

Auf der Spirale selbst kann *Vitis vinifera* allerdings schwerlich wachsen, denn er ist eine Kletterpflanze, deren Triebe unbeschnitten bis zu fünfzehn Meter lang werden können. Er wird deshalb meist an einer Pergola oder einem Spalier gezogen und muss, um eine gute Traubenernte zu erbringen, im Frühjahr und im Sommer regelmäßig zurückgeschnitten werden.

Die Heimat des Weins lag ursprünglich im Mittelmeerraum. Heute ist er in vielen Ländern verbreitet; sogar in Nordamerika (vor allem in Kalifornien) und in Australien gibt es inzwischen bekannte und hochgeschätzte Weinanbaugebiete. Wein liebt die Sonne und benötigt in unseren Breiten eine geschützte Lage. Für den privaten Weinanbau eignet sich am besten die Südseite eines Hauses.

Ihren Weinstock können Sie entweder an der Hauswand hochziehen und die Spirale davor platzieren. Oder Sie bauen ihm neben der Spirale ein eigenes Rankgerüst. Ob Sie sich für eine blaue oder eine helle Traubenart entscheiden, ist ganz Ihnen überlassen. Blaue Trauben haben den Vorteil, dass die richtige Reifezeit besser erkennbar ist. Achten Sie jedoch beim Kauf eines Weinstocks in jedem Fall auf Frosthärte und Pilzresistenz. Dann kann im nächsten Herbst schon mit der ersten kleinen Weinlese begonnen werden, und bald genießen Sie frische Trauben, frisch gepressten Traubensaft oder ein leckeres Traubengelee.

Ölbaum

Ölbäumen, Ölzweigen und Ölfrüchten begegnet man in der Bibel an vielen Stellen – kein Wunder, gehörte *Olea europaea* doch damals wie heute im europäischen und asiatischen Mittelmeerraum zu den für das tägliche Leben wichtigsten Pflanzen. Oliven und Olivenöl sind für die Menschen in diesen Ländern Grundnahrungsmittel, und seitdem als wissenschaftlich nachgewiesen gilt, wie gesund die »Mittelmeerkost« mit dem vielen frischen Gemüse und dem reichlich eingesetzten Olivenöl für den Menschen ist, spielen sie auch in unserer Ernährung eine immer größere Rolle.

Auch in einem mitteleuropäischen Garten kann ein Olivenbaum gut gedeihen. Von Standort und Klima sollten Sie allerdings abhängig machen, ob Sie ihn im Kübel ziehen oder in den Gartenboden eingraben. In milden, sonnenverwöhnten Lagen kann er ohne weiteres fest im Garten stehen; in rauen Gegenden ist er in einem Kübel besser aufgehoben.

Steht er im Kübel, muss er regelmäßig gewässert werden. Im Gartenboden dagegen reicht meist der natürliche Regen aus, denn in seiner südeuropäischen Heimat kann er auch längere Trockenperioden gut überstehen.

Im Kübel wird der Olivenbaum im Herbst in einem hellen, aber relativ kühlen Ort überwintert (um die zehn Grad Celsius sind optimal). Steht er im Garten, gilt es, ihn gegen harte Fröste rechtzeitig zu schützen (bis zu etwa minus sieben Grad Celsius ist er winterhart). Es wird empfohlen, den Baum gut mit Folie und Vlies einzupacken, und zwar besonders die Krone, die am empfindlichsten ist. Dabei ist regelmäßiges Lüften wichtig, damit der Baum weiteratmen kann. Sobald es wieder wärmer wird, kann der Olivenbaum ausgepackt bzw. in seinem Kübel wieder in den Garten gestellt werden.

Feige

Von *Ficus carica* hören wir schon ganz zu Anfang der Bibel. Im 1. Buch Mose (3,7), in dem das Leben der ersten beiden Menschen im Garten Eden beschrieben wird, heißt es: »Da wurden ihnen beiden die Augen aufgetan, und sie wurden gewahr, dass sie nackt waren, und flochten

Feigenblätter zusammen und machten sich Schurze.« Bis heute verwendet man sprichwörtlich ein »Feigenblatt«, wenn man eine als unangenehm empfundene Tatsache schamhaft zu verhüllen versucht.

Tatsächlich haben die großen, ledrigen Blätter des Feigenbaums eine sehr interessante Form, die an eine Hand mit gespreizten Fingern erinnert. In erster Linie wird der Baum jedoch vor allem im Mittelmeerraum wegen seiner wohlschmeckenden Früchte angebaut. Frische wie getrocknete Feigen sind eine gesunde, süße Köstlichkeit!

In geschützten südlichen Lagen können die Feigen auch bei uns zur Reife gelangen. Wo es beim Klima rauer zugeht, begnügen wir uns mit dem reizvollen Anblick des Feigenbaums, ziehen ihn im Kübel und überwintern ihn im Haus, wo er nicht zu kühl (über zehn Grad Celsius) stehen darf.

Enge Verwandte des Feigenbaumes sind übrigens die Birkenfeige *(Ficus benjaminii),* der Gummibaum *(Ficus elastica)* und die Geigenfeige *(Ficus lyrata),* die oft als Büropflanzen Dienst tun und unser Berufsleben begrünen.

Granatapfel

Im Hohelied Salomos finden sich zahlreiche wunderschöne Verse, in denen Granatäpfel zur Lobpreisung der Schönheit einer Frau herangezogen werden, z. B.: »Du bist gewachsen wie ein Lustgarten von Granatäpfeln mit edlen Früchten, Zyperblumen mit Narden, Narde und Safran, Kalmus und Zimt, mit allerlei Weihrauchsträuchern, Myrrhe und Aloe, mit allen feinen Gewürzen. Ein Gartenbrunnen bist du, ein Born lebendigen Wassers, das vom Libanon fließt« (4,13-15).

Punica granatum ist in der Tat eine uralte Kulturpflanze, die seit alters her im gesamten Mittelmeergebiet angebaut wird. Der Name »Granatapfel« geht auf die lateinischen Worte *granae* (= Kerne) bzw. *granatus* (= kernreich) zurück. Wegen seiner vielen Kerne galt der Granatapfel vielerorts als Symbol der Fruchtbarkeit.

Vom Granatapfel wiederum bekamen die »Granate« und der rote Halbedelstein »Granat« ihre Namen. Gleiches gilt möglicherweise auch für die Stadt Granada, deren Umland bis heute zu den wichtigsten Anbaugebieten zählt. Auch im Wappen der Provinz Granada sowie im Wappen der spanischen Königsfamilie ist ein Granatapfel zu sehen.

Granatapfelschale und -saft werden seit Jahrhunderten zum Färben von Orientteppichen verwendet. Der aus Granatäpfeln der Karibikinsel Grenada hergestellte Grenadinesirup verleiht dem »Tequila Sunrise« und anderen feinen Cocktails den fruchtigen Geschmack und die schöne rote Farbe. Die kantigen Kerne mit ihrem Fruchtfleisch lassen sich auch wunderbar für Salate, Kuchen und Süßspeisen verwenden. Am schönsten ist es, den Saft direkt aus der Frucht zu trinken: Man rollt den Granatapfel unter starkem Druck auf einer festen Oberfläche, bis es hörbar knackt, sticht ein Loch in die Frucht, steckt einen Strohhalm hindurch und trinkt den Inhalt. Granatapfelsaft ist äußerst gesund, wirkt gegen freie Radikale und liefert Frauen in den Wechseljahren Phytohormone.

In unseren Breiten wird der Granatapfelbaum im Kübel gezogen und im Frühjahr nach den letzten strengen Frösten ins Freie gestellt. Den Winter sollte er in einem dunklen, kühlen Raum bei zwei bis sechs Grad Celsius verbringen und nur selten gegossen werden, um einen zu frühen Austrieb zu verhindern.

Aloe vera

In den Sprüchen Salomos findet sich der schöne Vers: »Ich habe mein Lager mit Myrrhe besprengt, mit Aloe und Zimt. Komm, lass uns kosen bis an den Morgen und lass uns die Liebe genießen« (7,17-18).

Aloe vera ist eine uralte Kulturpflanze und gerade in letzter Zeit als Heil- und Wellnessmittel wieder enorm beliebt. Sie ist eine Blattsukkulente, die ursprünglich in den heißen, trockenen Zonen Afrikas zu Hause war. Sie ist frostempfindlich, kann aber sehr gut im Garten im Kübel gezogen und im Winter im Haus gehalten werden. Stellen Sie sie im Frühjahr nach den letzten Frösten nahe des Sumpfbeetes auf die Trockenmauer Ihrer Bibelspirale. Dort kann sie sich gut entfalten und im Bedarfsfall auch als jederzeit einsatzbereites Hausmittel dienen.

Schneiden Sie einige Zentimeter eines Blattes ab, entfernen Sie die Kanten, teilen Sie das Blatt quer und drücken Sie das Gel aus. Bei Abszessen, Akne, Fußpilz, Neurodermitis, Herpes, Ekzemen, Verbren-

Die Bibelspirale

nungen, Hämorrhoiden, Zahnfleischentzündungen und schlecht heilenden Wunden kann Aloe-vera-Gel erstaunlich schnell Linderung bringen. Soll es länger einwirken, können Sie das Aloe-vera-Blatt auch mit einem Verband an die betroffene Hautstelle binden.

Flechtbinse

Binsen wachsen gern an feuchten Standorten, in Mooren, Sümpfen, an Stillgewässern, Gräben und auf nassen, sauren Wiesen. Sie reinigen das Wasser, indem sie Schadstoffe abbauen; einige Arten kommen deshalb auch in so genannten Pflanzenkläranlagen zur Anwendung.

Im alten Ägypten diente die Binse, getrocknet und am Ende angespitzt, auch als Schreibgerät und hatte sogar ein eigenes Schriftzeichen.

Aus getrockneten Binsen lassen sich auch sehr gut Körbe flechten. Nach dem Bericht in der Bibel wurde Moses als Baby in einem Binsenkörbchen auf dem Nil ausgesetzt.

Für die Feuchtzone am Fuße der Bibelspirale ist *Scirpus lacustris* deshalb die Idealbesetzung. Mit ihrem Standort im Wasser erinnert sie an die berühmte Geschichte aus dem Alten Testament.

Das Sumpfbeet

Um der Sumpfbinse ideale Wachstumsbedingungen zu schaffen, graben Sie am Fuß Ihrer Bibelspirale ein rundes, etwa vierzig Zentimeter tiefes Loch aus, befreien es von spitzen Steinen, Wurzeln oder Scherben und polstern es mit einer etwa fünf Zentimeter hohen Sandschicht aus. Anschließend wird das Loch möglichst faltenfrei mit Teichfolie ausgelegt, die oben großzügig übersteht und erst endgültig abgeschnitten wird, wenn das Sumpfbeet ganz fertig gestellt ist. Etwa zwei Drittel des Sumpfbeetes werden mit Kies und Teicherde ausgefüllt, dann wird die Sumpfbinse eingepflanzt und so viel Leitungswasser eingefüllt, dass das Sumpfbeet zu seiner Umgebung bündig anschließt. Im Laufe des Gartenjahres sollten Sie stets darauf achten, dass das Sumpfbeet nicht austrocknet, und gegebenenfalls Wasser nachfüllen.

Vom Mandelbäumchen bis zur Binse besitzen Sie nun im Kleinen eine vielgestaltige Bibellandschaft.

Die Naturschutzspirale

Die Naturschutzspirale ist das ideale Projekt für Gruppen, Schulklassen und Kindergärten. Eine Kräuterspirale anzulegen, macht in der Gruppe ohnehin am meisten Spaß. Da es dabei viele verschiedene und vor allem schwere ebenso wie leichte Arbeiten zu verteilen gibt, können Erwachsene und Kinder aller Altersstufen daran teilnehmen. Die Aufgabe ist überschaubar und das Ergebnis kann sich sehen lassen – beste Voraussetzungen für ein positives Gruppenerlebnis. Wohl auch aus diesem Grund sind schon viele Kräuterspiralen als ökologische Gruppenprojekte bei Wochenendseminaren für Erwachsene oder Projektwochen für Schüler und Kindergartenkinder entstanden. Als dauerhafte Kleinbiotope mit geringem Pflegeaufwand bilden sie eine schöne Bereicherung für Schulhöfe, Kindergartenanlagen oder Seminarhausgärten. Als Dauereinrichtungen bieten sie später vielfältige Möglichkeiten für spannende Beobachtungen und Entdeckungen.

Wer sich mit der Kräuterspirale beschäftigt, kann vieles lernen, üben und ausprobieren: das Säen, Verziehen, Pflanzen und Vermehren der Kräuterpflanzen; das Zupfen unerwünschter Beikräuter; das Zurückschneiden und Ernten; das Herstellen einfacher Kräutergerichte zum sofortigen gemeinsamen Genuss (z. B. Kräuterquark) oder zum Aufbewahren und späteren Verschenken (z. B. Kräuteressig); das Sammeln und Trocknen von Kräutern; das Nähen von Kräutersäckchen (z. B. Lavendel); das Zubereiten von Salben (z. B. Ringelblume); das Analysieren von Inhaltsstoffen; das Erklären von Wirkstoffen; das Beobachten mikroklimatischer Einflüsse; das Klassifizieren von Pflanzennamen

Die Naturschutzspirale

und Pflanzenfamilien; das Beschreiben von Blüten, Blättern, Stängeln, Wurzeln und Früchten; das Bestimmen von Pflanzen; das Mikroskopieren von Kleinstlebewesen oder Pflanzenteilen; das Beobachten der größeren Tümpelbewohner und der Mikroorganismen im Miniteich und, und, und. Der Fantasie von Lernenden und Lehrenden sind keine Grenzen gesetzt!

Mit einem fertigen Bausatz auf Nummer sicher gehen

Natürlich kann man die Naturschutzspirale aus eigenem Material zusammenstellen, indem man der Bauanleitung für die klassische Kräuterspirale am Anfang dieses Buches folgt (siehe Seite 11). Vor allem, wenn man dafür Natursteine nimmt, entstehen in der Trockenmauer ganz von selbst so viele Nischen und Gänge, dass sie vielen Kleinstlebewesen reichlich Lebensraum gibt. Bauen Kinder mit, wird deren Kreativität durch die natürlichen Materialien sicherlich am stärksten angeregt. Durch eine Bepflanzung aus heimischen Kräutern sowie dazugekaufte oder bestellte Nisthilfen wird sich die Spirale rasch als höchst lebendiges Biotop erweisen.

Wer ganz auf Nummer sicher gehen will und am liebsten nach einer festen »Bastelanleitung« arbeitet, kann sich auch einen fertigen Bausatz für eine Naturschutzspirale liefern lassen. Gemeinsam mit einem Betonwaren-Hersteller und einer Firma für Vogel- und Naturschutzprodukte hat der Naturschutzbund (NABU) einen solchen Bausatz entwickelt (Bestelladresse siehe Seite 196).

Der Einfluss der Naturschützer ist vor allem daran zu sehen, dass durch die besondere Ausformung der Steine beim Bau der Spirale im Innern der Mauer ein intaktes Gangsystem entsteht, das Spitzmäusen, Eidechsen und anderem Kleingetier Lebensraum und artgerechte Bewegungsfreiräume bietet. In der Mitte wird kein Schutt aufgehäuft. Stattdessen wird die Grundfläche auf der Drainageschicht ganz mit den gelieferten Steinen ausgelegt. Zum Lieferumfang gehören auch gleich eine Reihe geeigneter Nisthilfen für verschiedene Tierarten, die sich teilweise in die Spirale einbauen, teilweise in deren unmittelbarem Umfeld anbringen oder aufstellen lassen. Weitere Nisthilfen kann man dazubestellen.

Die fertige Spirale hat einen Durchmesser von 1,90 Metern, ist allerdings nur sechzig bis siebzig Zentimeter hoch. Geliefert werden insgesamt zweiundachtzig Betonsteine in sechs verschiedenen Formen, die teilweise noch mit Fäustel und Flachmeißel leicht nachbearbeitet werden müssen und dann nach einem ausgeklügelten, in einer sehr ausführlichen Bauanleitung genau beschriebenen System in sechs Lagen spiralförmig aufgeschichtet werden.

Wegen des beachtlichen Lieferumfangs (ein bis zwei Paletten) und gut einer Tonne Gewicht kommt der Bausatz per Spedition. Einfüllmaterial (Substrat) kann man ebenfalls dazubestellen. Nur um das Material für den Teich am Fuß der Spirale und um die Pflanzen muss man sich dann noch selbst kümmern.

Nisthilfen einbauen

Durch den gezielten Einbau von Nisthilfen haben Sie die Möglichkeit, beim Bau der Kräuterspirale zusätzlichen artgerechten Lebensraum nicht nur für Pflanzen, sondern auch für Tiere zu schaffen, die durch unseren enormen Landschaftsverbrauch immer mehr zurückgedrängt werden. Gleichzeitig fördern Sie damit eine völlig unbedenkliche und natürliche Schädlingsbekämpfung, und auch für die Bestäubung der Blüten wird gesorgt. Schließlich wird die Möglichkeit zur Naturbeobachtung und damit der »Erlebniswert« der Kräuterspirale für Kinder und Erwachsene enorm gesteigert.

Nisthilfen, die sich direkt in die Spirale einbauen lassen:

- Insektennistkasten
- Nischenbrüterhöhle
- Kleinsäugerstein
- Igelhöhle

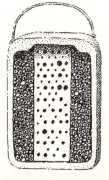

Die Naturschutzspirale

Nisthilfen, die man in unmittelbarer Nähe der Spirale aufstellen kann:

- Schlafröhre für Ohrwürmer
- Hummelnistkasten
- Ameisen-Beobachtungs-Stein
- Spinnenrahmen
- Vogel- und Insektentränke

Ob Sie sich für alle diese Möglichkeiten oder nur für eine kleinere Auswahl entscheiden, ist ganz Ihnen überlassen und kommt auf Ihre persönlichen Vorlieben und Interessen an. Eine Bezugsadresse finden Sie auf Seite 196.

Die Nisthilfen im Einzelnen

Ob und wie schnell die Nisthilfen besiedelt werden, hängt natürlich von mehreren Faktoren ab, vor allem von der Witterung, dem Nahrungsangebot und der jeweiligen Umgebung des Standorts Ihrer Spirale. Geduld, Gelassenheit und eine ordentliche Portion Beobachtungsgabe sind – wie immer im Umgang mit der Natur – besonders gefragt.

Der Insektennistkasten

Nisthilfen für Insekten werden in höchst unterschiedlichen Ausführungen angeboten. Für die Kräuterspirale geeignet ist z. B. ein mit durchsichtigen Niströhren mit verschiedenen Durchmessern gefülltes Gehäuse aus Holzbeton für Hautflügler wie Wildbienen, Grab-, Falten- und Wegwespen. Allen diesen Hautflüglern ist gemeinsam, dass sie sich meist keine eigenen Gänge bohren, sondern in bereits bestehenden, meist von Käfern hinterlassenen Bohrgängen niederlassen. Für das ökologische Gleichgewicht im Garten sind sie interessant, weil sie den Bestand an »Schadinsekten« regulieren können. Gegenüber Menschen und Haustieren sind sie allerdings friedliebend und völlig ungefährlich. Außerdem ist ihr Stachel zu klein, um die menschliche Haut zu verletzen.

Die wetterfeste Holzvorderwand kann problemlos herausgenommen werden, sodass das sonst verborgene Leben dieser Insektenarten mit Eiablage und Larvenentwicklung direkt erlebbar wird. Da die Tiere sehr wärmeliebend sind, sollte der Insektennistkasten in jedem Fall in die Südseite der Kräuterspirale integriert werden. Bauen Sie ihn aber auf jeden Fall so ein, dass Sie die Vorderwand zur Beobachtung problemlos öffnen können.

Die Nischenbrüterhöhle

Nischen- und Halbhöhlenbrüter wie Haus- und Gartenrotschwanz, Bachstelze, Grauschnäpper, Rotkehlchen und Zaunkönig sind durch Elstern, Eichelhäher, Katzen und Marder besonders stark gefährdet. Spezielle Nischenbrüterhöhlen mit eingebautem Raubtierschutz bilden deshalb eine begehrte Unterkunft. Hat die Höhle zwei Einfluglöcher und dadurch einen hohen Lichteinfall, wird sie besonders gerne angenommen. Halbhöhlenbrütern ist der Einbau in südlicher Richtung besonders angenehm, Höhlenbrüter akzeptieren aber auch andere Richtungen. Durch den integrierten Raubtierschutz kann die Höhle auch im unteren Mauerbereich eingebaut werden.

Der Kleinsäugerstein

Im Kleinsäugerstein hofft man Spitzmäuse anzusiedeln, die als willkommene Bewohner im Naturgarten wirksame Schädlingsbekämpfung betreiben, denn die kleinen Räuber vertilgen täglich ihr eigenes

Am Fuß der Mauer integrierter Kleinsäugerstein

Die Naturschutzspirale

Gewicht an Insekten. Trotz ihrer Ähnlichkeit mit Mäusen sind sie mit dem Igel oder Maulwurf viel näher verwandt und stehen auf der Liste der gefährdeten Arten. An ihrem weichen, kurzen Fell und der rüsselförmigen Schnauze sind sie auch recht einfach zu erkennen. Sie fiepen sehr laut und haben stark duftende Moschusdrüsen, die wohl dafür verantwortlich sind, dass Katzen sie zwar fangen, aber nicht fressen. Nur Störche oder Kreuzottern scheinen sich an dem strengen Geruch nicht zu stören und gehören deshalb ebenfalls zu den natürlichen Feinden der Spitzmäuse.

Bauen Sie die viereckige Spitzmausbehausung mit kleinem Einschlupfloch in die unterste Steinreihe ein. Eine Ausrichtung nach einer bestimmten Himmelsrichtung ist nicht nötig.

Die Igelhöhle

Auch der Igel ist im naturnahen Garten ein gern gesehener Gast, da er sich vorzugsweise von Schnecken und Raupen ernährt. In der Natur baut er sich seinen Nistplatz in hohlen Baumstümpfen, unter Laubhaufen, unter Holzstößen oder in dichtem Gebüsch. All dies gibt es auf unseren aufgeräumten Grundstücken nicht mehr allzu oft, sodass eine Igelhöhle aus Holzbeton, mit etwas Nistmaterial wie trockenem Laub, Stroh, Hobelspänen oder auch Zeitungsschnipseln ausgestattet, meist dankbar angenommen wird.

Ein Igel im Garten ist außerdem eine Sensation für Groß und Klein. Da er mit seiner Familie das ganze Jahr über, einschließlich der Überwinterung, in der Höhle wohnen kann, ergeben sich reichlich Gelegenheiten zur Beobachtung der possierlichen Säugetiere. Ob Sie die Höhle am Fuß der Kräuterspirale einbauen oder an anderer Stelle in Ihrem Garten platzieren – wichtig ist, dass sie an der wind- und wetterabgewandten Seite zu stehen kommt. Außerdem sollte der Zugang möglichst nicht über Rasenflächen führen, denn einen grasbewachsenen Weg zur Höhle, der nachts oft nasskalt wird, mögen Igel nicht so gern. Schließlich sollte die Höhle unbedingt einen Isolierboden besitzen, damit sie wirklich zu jeder Jahreszeit bewohnt werden kann.

Die Schlafröhre für Ohrwürmer

Ohrwürmer fressen am liebsten Blattläuse, Spinnmilben, Larven und Eier von Insekten sowie Kleintiere, die wir Menschen als »Schädlinge« bezeichnen. Bei der Bekämpfung von Blattläusen im Garten leisten sie wertvolle Dienste.

Ohrwürmer sind nachtaktiv. Tagsüber verkriechen sie sich von Mai bis in den Spätherbst hinein zu Hunderten in der etwa sechs Zentimeter dicken und zehn Zentimeter hohen Schlafröhre aus Holzbeton, die nicht gereinigt oder sonstwie gewartet werden muss und ganzjährig im Freien bleiben kann.

Stecken Sie einfach einen abgebrochenen Ast oder einen kleinen Stock in die Erde auf einer beschatteten Stelle (also am besten auf der Nordseite) der Kräuterspirale und stülpen Sie die Schlafröhre so darüber, dass sie etwa drei bis fünf Zentimeter Abstand zur Erde hat. Weitere Schlafröhren können Sie in Büschen und Bäumen in der Nähe Ihrer Naturschutzspirale verteilen.

Der Hummelnistkasten

Hummeln sind in ihrer Existenz bedroht. Alle in Mitteleuropa vorkommenden Hummelarten gelten als mehr oder weniger stark gefährdet, einige sind regional bereits verschwunden. Dabei sind Hummeln für die Bestäubung im Obst- und Gemüsebau und für das ökologische Gleichgewicht äußerst wichtig. So fliegen die kurzrüsseligen Hummelarten auch bei niedrigen Temperaturen zum Bestäuben aus. Und durch das Anbeißen der nektarhaltigen Kronröhre bahnen sie den Honig- und Wildbienen bei manchen Blüten im zeitigen Frühjahr überhaupt erst den Weg zum Nektar. Mit ihrem lauten Gebrumm sind die gemütlichen, dicken Hummeln außerdem sehr possierliche Gartengäste, die zu beobachten einfach Spaß macht. Wer ihr Überleben durch das Aufstellen eines speziellen Nistkastens aus langlebigem Holzbeton unterstützt, hat die zusätzliche Möglichkeit, die verschiedenen Entwicklungsphasen des Hummelvolks ganz genau beobachten zu können, da sich der Deckel jederzeit öffnen lässt.

Den Hummelkasten können Sie in der Nähe der Naturschutzspirale, z. B. halb unter einem Strauch versteckt, auf den Boden stellen, wobei die jeweilige Himmelsrichtung keine große Rolle spielt. Mit dem Kasten werden Polsterwolle und Einstreu ausgeliefert. (Eine sehr ausführliche Gebrauchsanleitung liegt bei.) Im Winter muss das alte Innenmaterial herausgenommen und erneuert werden. Während das gesamte aus Männchen und Arbeiterinnen bestehende Hummelvolk im Herbst abstirbt, überwintert nur die Königin, allerdings außerhalb des Nistkastens. Wie man die suchende Königin im Frühjahr findet und in den Kasten zur Besiedlung einsetzt, wird in der Gebrauchsanleitung ebenfalls ausführlich beschrieben.

Der Ameisen-Beobachtungs-Stein

Was sich in unserem Garten im Innern der Erde abspielt, ist faszinierend, unseren neugierigen Blicken aber in der Regel entzogen. Willkommene Einsichten schafft hier ein Beobachtungsstein, der aufgrund seiner Wärme speichernden Eigenschaft die Ansiedlung von Kleinlebewesen fördert. Ameisen, Asseln, Steinläufer, Laufkäfer, Spinnen, Ohr- und Regenwürmer, Tausendfüßler, Käferlarven und viele andere mehr finden unter dem Stein einen warmen und geschützten Unterschlupf. Ja, man hat unter solchen Steinen schon bis zu siebzig Tierarten gezählt. Und sogar Eidechsen finden sich auf der warmen Unterlage gern zum Sonnen ein. Der trittfeste, gelbliche Stein aus Holz-Sandbeton ist auf einem rutschsicheren Metallrahmen mit integrierter Acrylplatte angebracht. Er kann zu Beobachtungszwecken bedenkenlos vorübergehend aufgenommen werden und gibt dann den Blick auf das Leben unter dem Boden frei, ohne dass z. B. die Brut oder das Gangsystem der Ameisen beschädigt oder gar zerstört wird. Wichtig ist nur, dass der Stein anschließend sorgfältig wieder aufgelegt wird.

Platzieren Sie den Beobachtungsstein ruhig in unmittelbarer Nähe Ihrer Naturschutzspirale auf dem flachen Gartenboden. Je nachdem, ob Sie ihn z. B. auf Erde, Sand oder Kies legen, kommt es zu einer unterschiedlichen Besiedlung. Diesen Effekt können Sie sich zunutze machen und mit denkbar geringem Aufwand eine regelrechte Versuchsreihe mit verschiedenen Untergründen starten.

Der Blick unter den Beobachtungsstein gehört so bald zu jedem Gartenbesuch dazu und macht vor allem Kindern immer wieder Freude.

Die Naturschutzspirale

Der Spinnenrahmen

Der »Ekel« vor Spinnen weicht oft großer Hochachtung, wenn man ihre kunstvollen Netze bewundert. In der Abendsonne oder morgens, von Tautropfen benetzt, erstrahlen sie in eindrucksvoller Schönheit. Besonders zur Geltung bringen Sie das Netz Ihrer persönlichen Gartenspinne, wenn Sie ihr einen Spinnenrahmen zur Besiedlung anbieten. Vor allem von Radnetzspinnen wird ein solcher Rahmen, den man auch sehr gut selbst herstellen kann, ausgesprochen gern angenommen.

Ein fertig gelieferter Spinnenrahmen besteht aus gebeiztem Holz und wird mit einem verzinkten Stahlhering in die Erde gesteckt. Sie können mehrere Standorte auf Ihrer Naturschutzspirale ausprobieren, den Spinnenrahmen zur besseren Beobachtung auch später noch versetzen oder zur Demonstration kurzfristig auch in einer Gruppe herumreichen.

Außer dem Rahmen zur optimalen Anheftung des Netzes bietet diese Nisthilfe der Spinne in einer Ecke auch ein bequemes Quartier, wo sie vor Wind und Wetter sowie vor ihren natürlichen Feinden gut geschützt ist und in Ruhe auf ihre Beute warten kann. Der so genannte Signalfaden, der ihr über entsprechende Erschütterungen meldet, dass ihr ein Tier ins Netz gegangen ist, wird von der Spinne so angelegt, dass er direkt in dieses Quartier führt. Führen Sie selbst eine kleine Erschütterung herbei (ohne freilich das Netz zu verletzen), und Ihre Spinne wird sich zeigen und nach dem Rechten sehen!

Die Vogel- und Insektentränke

Falls Sie sich gegen eine Feuchtzone am Fuße Ihrer Naturschutzspirale entscheiden, ist eine Vogel- und Insektentränke eine gute Wahl. Vögel und Insekten brauchen Wasser für ihren Stoffwechsel und zum Baden. Eine eigens dafür konzipierte Tränke bietet für beide Tiergruppen reichlich Platz zum Ruhen und zum Trinken.

Die Naturschutzspirale

Bauen

Um eine Naturschutzspirale zu bauen, können Sie, wie gesagt, der Bauanleitung für die klassische Kräuterspirale folgen. Verwenden Sie dabei eher unregelmäßige, aber plattenförmige Steine (ohne freilich die Stabilität zu gefährden) und achten Sie besonders darauf, dass in der gewendelten Trockenmauer reichlich Nischen und Spalten entstehen. Auch beim Bau von Nisthilfen und kleineren Insektenhotels können Sie auf Anleitungen zurückgreifen. (Einen Literaturtipp dazu finden Sie auf Seite 199.)

Falls Sie sich für den Bausatz entscheiden, müssen Sie die angelieferten Steine zunächst mit einem Fäustel oder breiten Flachmeißel leicht nachbearbeiten. Es werden dabei die Ecken an den nach innen zeigenden Seiten der Steine abgeschlagen, damit im Inneren der Mauer ein intaktes Gangsystem entstehen kann.

Anschließend legen Sie ein tragfähiges und frostsicheres Fundament für die Spirale an. Dazu stechen Sie einen Kreis mit etwa zwei Meter Durchmesser spatentief aus und füllen ihn mit Schotter, den Sie gut verdichten.

Auf das vorbereitete Fundament wird, der genauen Zeichnung folgend, die erste Lage Steine ausgelegt. Zu beachten ist dabei, dass die Steine unterschiedlich breit sind und die schmaleren Steine jeweils in die Krümmung in der inneren Mauer kommen, die sich dadurch leichter und stabiler bauen lässt. Nach der dritten Lage wird das Innere der Spirale bis zur Oberkante der bisher ausgelegten Steine mit Substrat ausgefüllt. Auch die abgeschlagenen Ecken der nachbearbeiteten Mauersteine können mitverwendet werden. So geht es nach Plan immer abwechselnd mit Bauen und Befüllen weiter, bis die sechste und letzte Lage Steine aufgesetzt ist.

Mit welchem Substrat Sie die Naturschutzspirale auffüllen, hängt davon ab, womit Sie sie bepflanzen möchten. Entscheiden Sie sich für eine der in diesem Buch beschriebenen Bepflanzungsvariationen, gibt die folgende Tabelle über das zu wählende Substrat Aufschluss:

Gewünschte Bepflanzung	Empfohlenes Substrat (von oben nach unten)
Mittelmeerkräuter	Kalkschotter
Einheimische Heilpflanzen	Kalkschotter bis Gartenboden
Küchenkräuter	Kalkschotter bis Gartenboden
Blütenpflanzen	Gartenboden
Schmetterlingspflanzen	Kalkschotter bis Gartenboden
Duftpflanzen	Kalkschotter bis Gartenboden
Schattenpflanzen	Gartenboden
Bibelpflanzen	Gartenboden

Pflanzen

Das Thema der Bepflanzung Ihrer Naturschutzspirale können Sie frei wählen. Lassen Sie sich von den in den vorangegangenen und den folgenden Kapiteln in diesem Buch vorgestellten Themenspiralen inspirieren und überlegen Sie, wofür Sie die gepflanzten Kräuter später verwenden wollen.

Wie auch immer Sie sich entscheiden, im Rahmen einer Naturschutzspirale empfiehlt sich natürlich die Bepflanzung mit einheimischen Pflanzen, womöglich gar bevorzugt mit Pflanzen, die in der freien Natur in ihrer Existenz bedroht sind und unter Naturschutz stehen (Rote-Liste-Arten). Selbstverständlich dürfen diese Pflanzen nicht aus der Natur entnommen, sondern müssen über Spezialgärtnereien bezogen werden. Ob es aber eher Heil- oder Küchenpflanzen, Duft- oder Schmetterlingskräuter – oder gar ganz persönliche Mischungen – sein sollen, ist ganz Ihnen überlassen.

Und der Teich?

Teiche heißen bei Naturschützern »Feuchtbiotope«, werden also vor allem unter dem Gesichtspunkt gesehen, dass sie Feuchtigkeit liebenden Lebewesen einen artgerechten, in dieser Form in der freien Natur vielleicht nicht mehr ganz so häufig anzutreffenden Lebensraum bieten.

Natürlich wäre es ideal, die Naturschutzspirale durch ein großzügig angelegtes Feuchtbiotop zu ergänzen. Von der Form her ist hier alles möglich. Auch spricht z. B. nichts dagegen, eine größere vorgefertigte Teichwanne einzugraben und entsprechend zu bepflanzen.

Aber auch ein kleiner Miniteich ist reizvoll, wenn er mit einheimischen Pflanzen wie z. B. der Sumpfdotterblume bepflanzt ist. Eine schöne Alternative ist ein kleines Sumpfbeet als immerfeuchte Zone am Fuße der Naturschutzspirale, das sich z. B. mit Fieberklee oder Sumpfbaldrian sinnvoll bestücken lässt.

Bitte achten Sie beim Bau eines größeren Teichs darauf, dass er nicht zur Falle für Tiere wie Igel, Spitzmäuse oder junge Vögel wird. Bretter oder Natursteine, die ans Ufer führen, können als Ausstieg dienen und sollten daher unbedingt mit eingeplant werden.

Wenn Platzmangel oder andere Gründe gegen einen Teich sprechen, sollte Ihr Spiralenprojekt daran aber nicht scheitern. Auch ohne Feuchtbiotop hat eine Naturschutzspirale ihren besonderen Reiz.

Die Balkonspirale

Am häufigsten bekam ich von meinen Leserinnen und Lesern in den vergangenen Jahren die Frage zu hören: »Ich habe nur einen Balkon/einen Dachgarten/eine Terrasse. Kann ich da nicht auch irgendetwas Kräuterspiraliges machen?«

Die gute Nachricht lautet: Wer keinen eigenen Garten hat, braucht beim Thema Kräuterspirale nicht traurig abseitszustehen. Es gibt eine sehr schöne Möglichkeit, die Spiralenidee auf den Balkon, den Dachgarten, den Hof oder die Terrasse zu holen. Auf die schwere Trockenmauer müssen Sie zwar allein schon aus statischen Gründen verzichten, doch lassen sich viele Kräuterpflanzen auch in Töpfen ziehen und in Form einer hübschen Spirale arrangieren.

Kräuterkübel haben eine lange Tradition. Denken Sie nur an die üppig bewachsenen Pflanzgefäße in verträumten Innenhöfen rund ums

Mittelmeer. Oder an das duftende Grün, das dort auf so manchen mit Wäscheleinen bespannten Balkonen durch frisch gewaschene Laken lugt. Einen lauschigen Platz für ein paar Kräutertöpfe findet man fast immer. Umso schöner, wenn sich die Töpfe dann auch noch zu einer harmonischen Spirale zusammenfinden!

Besondere Vorteile hat die Balkonspirale natürlich in Küchennähe. Dann können Sie beim Kochen nur eben mal kurz hinaustreten, zarte Salbei-, Dill- oder Rosmarinspitzen abzupfen und ganz frisch in Ihre Speisen geben. Auch zur Teestunde ist Ihr nachwachsender Rohstoff jederzeit zur Stelle. Darf es ein Melissen-, ein Verbenen- oder ein Griechischer Bergtee sein? Oder vielleicht eine harmonische Spiralenmischung, in der ein wenig Johanniskraut am Abend herrlich einschlafmüde macht? Sie werden staunen, wie aromatisch die frisch überbrühten Kräuter im Gegensatz zu den gängigen Teebeuteln schmecken. Und zögern Sie nicht, die hier vorgeschlagene Auswahl um Ihre eigenen Lieblingskräuter zu ergänzen.

Auf keinen Fall fehlen darf selbstverständlich ein gemütlicher Sitzplatz in Spiralennähe. Ob dies ein einfacher Klappstuhl, ein gemütlicher Liegestuhl oder eine zur Geselligkeit einladende Holzbank ist, bleibt ganz Ihren persönlichen Bedürfnissen und Platzvorräten überlassen. Wichtig ist nur, dass er Ihnen die Chance gibt, Ihrer Spirale auf dem Balkon, dem Dachgarten oder der Terrasse immer wieder einmal Gesellschaft zu leisten. So können Sie Ihrem kleinen Kräutergarten beim Wachsen zuschauen, seine schönen Blüten bewundern, den Duft seiner ätherischen Öle einsaugen und den Wechsel der Jahreszeiten aus nächster Nähe erleben. Und wer weiß, vielleicht bekommen Sie bald Besuch von Vögeln, Hummeln oder Schmetterlingen? Auf diese Weise wird Ihr Dachgarten, Ihre Terrasse, Ihr Innenhof oder Ihr Balkon nicht nur für Sie, sondern auch für andere Lebewesen zu einem echten Refugium.

Die Balkonspirale

Steckbrief: **Balkonspirale**
Standort: sonnig bis halbschattig
Substrat: torffreie Pflanzerde
Bepflanzung: Tee- und Küchenkräuter, die in Töpfen gedeihen

Verwendung	Pflanze	Botanischer Name	Spiralen-Standort	Besonderheiten
Küche	Bergbohnenkraut	*Satureja montana*	3	
Küche	Dill	*Anethum graveolens*	5	einjährig
Tee	Griechischer Bergtee	*Sideritis syriaca*	3	Winterschutz
Tee	Johanniskraut	*Hypericum perforatum*	2	
Tee	Kretamelisse	*Melissa officinalis ssp. altissima*	6	
Küche	Petersilie	*Petroselinum crispum*	6	zweijährig
Küche	Rosmarin	*Rosmarinus officinalis*	1	Winterschutz
Tee und Küche	Salbei	*Salvia officinalis*	1	
Küche	Schnittlauch	*Allium schoenoprasum*	2	
Tee und Küche	Spearmint	*Mentha spicata*	5	
Küche	Thymian	*Thymus vulgaris*	2	
Tee	Zitronenverbene	*Aloysia triphylla*	4	im Kübel, nicht winterhart

Die Balkonspirale

Bauen

Bei der Gestaltung der Balkonspirale sind Ihrer Fantasie keine Grenzen gesetzt. In erster Linie kommt es darauf an, wie viel Platz Sie haben und welche Gefäße Ihnen zur Verfügung stehen. Auch Ihr persönlicher Geschmack kommt zum Tragen. Manchen gefällt ein buntes Sammelsurium unterschiedlichster Töpfe, Schalen und Kübel, andere haben strengere Maßstäbe und bevorzugen einheitliche Töpfe aus einer Serie, was ebenfalls sehr reizvoll aussehen kann. Auch dabei sind verschiedene Variationen denkbar: Töpfe von der gleichen Form und Farbe, aber unterschiedlicher Größe, z. B. von außen allmählich immer größer werdend. Oder man wählt die gleiche Form und Größe in unterschiedlichen Farben. Überlegen Sie, was zu Ihrem Stil und dem Ambiente am besten passt.

Im Gartenfachhandel werden zur Bepflanzung vor allem Tontöpfe angeboten. Unglasierter Ton ist porös, verliert also Wasser. Dafür bleibt es in ihm länger kühl als in glasierten Töpfen. Glasierter Ton verhindert den Verlust von Feuchtigkeit und Nährstoffen. Außerdem sieht er oft edler aus und erlaubt durch seine Farbgebung zusätzliche Gestaltungseffekte. Kunststoff- und Holzgefäße sind leichter als Tontöpfe, was bei Balkonen und Dachgärten durchaus eine Rolle spielen kann. Noch wichtiger aber ist die Frostfestigkeit des Materials, die sich leider nicht immer ganz zuverlässig voraussagen lässt. Bei Tontöpfen ist die Brenntemperatur ausschlaggebend. Zögern Sie nicht, vor dem Kauf kritisch nachzufragen. Gute Pflanzgefäße für den Außenbereich sollten in der Regel winterfest sein.

Der große Vorteil der Balkonspirale besteht in ihrer Mobilität: Sie lässt sich immer wieder umstellen und neu arrangieren. Im leeren Zustand sind die Töpfe allerdings am einfachsten zu bewegen. Probieren Sie deren Aufstellung deshalb erst einmal ohne Bepflanzung aus und prüfen Sie die optische Wirkung. Sie können die Spirale auf ebener Fläche aufstellen und dabei die großen Töpfe hinten platzieren oder, um den Effekt der Dreidimensionalität zu erhalten, die Pflanzgefäße zur Mitte hin ansteigend »unterfüttern«. Dazu eignen sich flache Steine, umgedrehte Töpfe, kleine Hocker oder alles, was Sie sonst viel-

Die Balkonspirale

leicht noch zufällig vorrätig haben. Achten Sie dabei aber darauf, dass die höher wachsenden Pflanzen später im Hintergrund stehen.

Sobald ein optisch ansprechendes Arrangement gefunden ist, können Sie mit der Bepflanzung beginnen.

Pflanzen

Pflanzschema:

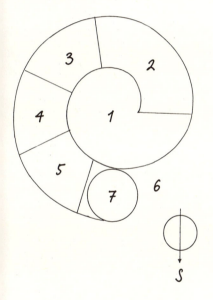

1 – Rosmarin, Salbei
2 – Thymian, Schnittlauch, Johanniskraut
3 – Bergbohnenkraut, Griechischer Bergtee
4 – Zitronenverbene
5 – Dill, Spearmint
6 – Petersilie, Kretamelisse
7 – Wasserschale als Vogeltränke oder Dekoration

Pflanzen in Kübeln erfordern eine etwas andere Pflege als ihre Artgenossen im freien Gartenland. Mit etwas Einfühlungsvermögen ist diese aber ganz einfach zu erlernen.

Zur Vermeidung von Staunässe im Sommer oder Eisbildung im Winter unabdingbar ist ein ausreichend großes Abzugsloch im Boden der Pflanzgefäße mit einer darüberliegenden Drainageschicht, z. B. aus zerschlagenen Tonscherben, Kieselsteinen oder Schotter.

Befüllen Sie die so vorbereiteten Pflanzgefäße mit torffreier Erde und drücken Sie diese leicht an. Setzen Sie dann die Kräuterpflanzen ein bis zwei Zentimeter tiefer als die ursprüngliche Topfhöhe ein, füllen Sie das Pflanzgefäß mit frischer Pflanzenerde auf und drücken Sie Erde und Pflanze fest an. Danach muss gleich gegossen werden, und natürlich dürfen Sie auch an den folgenden Tagen, vor allem aber in trockenen Zeiten, das Gießen nicht vergessen. Die Pflanzen können in den Gefäßen weniger tief wurzeln als in freier Natur und sind deshalb auf das Wasser- und Nährstoffangebot innerhalb des Pflanzgefäßes angewiesen. Kräuterpflanzen, die auch in der Natur an glühend heißen, wasserarmen Standorten gedeihen und an ein Klima gewöhnt sind, in dem Wasser Mangelware ist, halten bei Trockenheit in Töpfen länger durch als solche, die es gern feuchter haben, aber auch bei ihnen muss es dann und wann aus der Gießkanne regnen. Wählen Sie dazu die Morgen- oder Abendstunden, wenn es nicht so heiß ist, und verwenden Sie am besten Regenwasser oder abgestandenes Leitungswasser. Vor allem die Pflanzen, die ihre Blätter behalten, können auch im Winter vertrocknen und brauchen deshalb in frostfreien Phasen immer mal wieder etwas Gießwasser. Düngen sollten Sie allenfalls im Frühjahr. Ein paar Handvoll Kompost oder ein kleiner Löffel organischer Volldünger reichen für die meisten Kräuterpflanzen vollkommen aus.

Obacht ist angesagt, sobald im Winter die ersten Fröste nahen. Solange die Witterung es zulässt, sind die Pflanzen draußen am besten aufgehoben. Vielleicht können Sie sie unter ein Dach schieben oder an die Hauswand heranrücken, was schon einen gewissen Schutz bietet. Nicht winterharte Kräuter müssen bei Frost ins Haus geholt werden und sollten dort kühl, hell und trocken stehen. Kräuter, die draußen bleiben, können Sie eventuell mit Tannenreisig abdecken. Zurückgeschnitten werden sie erst im Frühling.

Die Kräuter im Einzelnen

Rosmarin

Rosmarinus officinalis ist ein vielseitiger Hausgenosse. Mit seinen nadeligen Blättern und zarten Blüten können Sie alle mediterranen Speisen würzen, aber auch anregende Bäder und Tinkturen zubereiten. Als echtes Kind des Südens tut er sich mit dem Überwintern in unseren kalten, windigen und lichtarmen Breiten allerdings besonders schwer.

Stellt man ihn das ganze kalte Halbjahr über in den Wintergarten, kann es sein, dass er sich einige Monate lang bestens hält und dann im zeitigen Frühjahr plötzlich braun wird und abstirbt. Besser scheint es ihm zu bekommen, wenn man ihn im Topf vors Haus stellt, solange es frostfrei ist, und ihn nur hereinnimmt, wenn Frost droht. Im Haus braucht er dann ein kühles (sechs bis acht Grad Celsius) und helles Plätzchen. (Die Fensterbank im beheizten Zimmer ist auf jeden Fall ungeeignet!) Sobald die Quecksilbersäule wieder über null steigt, sollte er aber wieder ins Freie. Dieses Hin und Her ist zwar etwas aufwendig, bringt aber die besten Erfolge.

Seit einiger Zeit werden von Kräutergärtnereien zunehmend auch winterharte Rosmarinsorten angeboten. Ob das Überwintern im Freien gelingt, ist je nach Sorte und Gegend jedoch sehr unterschiedlich. Es bleibt Ihnen nichts anderes übrig, als auszuprobieren, welcher Rosmarin in Ihrer Umgebung am besten gedeiht.

Salbei

Als mediterrane Würz- und Heilpflanze ist uns *Salvia officinalis* schon auf den verschiedensten Kräuterspiralen-Variationen begegnet (siehe Seiten 23, 53, 70 und 175). Zum Glück gedeiht er auch im Kübel gut, sodass wir ihn ohne Bedenken in unsere Balkonspirale einreihen können. Wichtig ist, darauf zu achten, dass er nicht zu feucht steht. Ein regelmäßiger Rückschnitt der krautigen Triebe fördert einen buschig verzweigten Wuchs. Im Gegensatz zu manch anderen (vor allem buntblättrigen) Sorten ist der Echte Salbei ausreichend winterhart. An einem vor der Sonne geschützten Platz kann er problemlos draußen bleiben.

Während getrocknete Salbeiblätter für alle Heilanwendungen (z. B. als starker Salbeitee zum sehr wirksamen Gurgeln gegen Halsentzündungen) im Winter geeignet sind, schmecken frische Blätter in Speisen aromatischer und vor allem weniger streng und bitter. Wollen Sie frischen Salbei zum Würzen in der Küche verwenden, können Sie auch im Winter noch einige einzelne Blätter ernten.

Thymian

Mit seinem üppigen Kriechwuchs, seinen hübschen kleinen Blüten und seiner Anziehungskraft auf bunte Schmetterlinge macht *Thymus vulgaris* sich in einem Pflanzgefäß auf dem Balkon, dem Dachgarten, auf der Terrasse oder im Hof besonders gut. Ein konsequenter Rückschnitt bzw. eine stetige Ernte sorgen dafür, dass seine kompakte Form erhalten bleibt. Wie schön ist es da, dass Thymian auch in getrockneter Form sein Aroma bewahrt und in der kalten Jahreszeit als Küchen- und Heilkraut sommerliche Erinnerungen weckt. Als schleimlösendes Hustenmittel hilft er uns, den Winter besser zu überstehen.

Sorten mit buntem Laub und exquisiten Düften wie z. B. der Orangen-Thymian sind deutlich kälteempfindlicher und müssen im Winter kühl und trocken untergestellt werden. *Thymus vulgaris* kann draußen bleiben. Ein improvisierter Unterbau z. B. aus schmalen Holzleisten schützt ihn vor nasskalten Füßen. Eine Unterbringung im warmen Haus empfiehlt sich nicht.

Schnittlauch

Allium shoenoprasum braucht mehr Feuchtigkeit als die bisher genannten Arten und sollte deshalb regelmäßig gegossen werden. Geerntet wird Schnittlauch mit Schere oder Messer, indem man die Stängel etwa zwei Zentimeter über dem Boden abschneidet. Lassen Sie aber auch einen Teil der Stängel stehen, die dann sehr hübsche, lilafarbene, flockig runde Blüten treiben. Die Blüten sind sehr schön, locken Insekten an und bilden eine essbare Dekoration auf Salaten, Quarkspeisen oder Omeletts.

Schnittlauch ist winterhart, legt aber im Winter eine Ruhepause ein. Damit er im Frühjahr wieder neue Stängel austreibt, sollte er nach der Frostperiode zurückgeschnitten werden.

Johanniskraut

Ein Goldstück im wahrsten Sinne des Wortes ist *Hypericum perforatum* mit seinen leuchtend gelben Blüten. Als Seelentröster und Stimmungsaufheller über die Naturheilkunde hinaus berühmt geworden, beglückt er uns als Teil der Balkonspirale mit seiner Blühfreude und als wohltuende Teezutat. Den Höhepunkt erreicht die Blüte rund um den namensstiftenden Johannistag Ende Juni. Im Laufe des Juli verblüht das Johanniskraut dann teilweise, sodass die Samenkapseln heranreifen können, doch kann man in einem milden Herbst noch lange vereinzelte Johanniskrautblüten sehen.

Wichtig ist, dass das Johanniskraut von Anfang an in einen geräumigen Kübel gepflanzt wird, denn in Form neuer Austriebe aus dem Wurzelbereich macht es sich gern breit. Im Topf ist die Frostsicherheit leider nicht garantiert, da die Wurzeln erfrieren können. Für ein geschütztes Plätzchen unterm Dach oder an der Hauswand bedankt es sich aber mit Langlebigkeit.

Bergbohnenkraut

Satureja montana übersteht den Winter in seinem Topf auf dem Balkon vergleichsweise gelassen und braucht nur in sehr strengen Wintern an eine geschützte Stelle gebracht zu werden. Dankbar ist es – wie alle Kräuter in Töpfen – allerdings für einen Standort, der es vor Wintersonne und damit vor großen Temperaturschwankungen schützt. Ansonsten ist es in jeder Hinsicht pflegeleicht und anspruchslos.

Von dem im Vergleich zum einjährigen Bohnenkraut würzigeren und pfeffrigeren Bergbohnenkraut können auch im Winter einzelne Blätter oder kleine Zweige geerntet werden, weshalb man es auch »Winterbohnenkraut« nennt.

Griechischer Bergtee

Mit *Sideritis syriaca* als Teil der Balkon- oder Dachgartenspirale ist für alle Kräutertee-Liebhaber stets eine wohlschmeckende Spezialität zur Hand. Der gelbblühende, mit den Jahren verholzende Halbstrauch wächst in der freien Natur bis auf 2500 Metern Höhe, ist also winterhart. In Griechenland gilt er als der Nationaltee schlechthin, vielleicht auch deshalb, weil auf den dortigen Berghängen riesige Flächen nur damit bewachsen sind. Der Tee schmeckt wunderbar mild und zimtartig. Zubereitet wird er vor allem aus den gelbgrünen Blütenkerzen. Bei der traditionellen Zubereitung wird das Kraut etwa zehn Minuten im Wasser leicht gekocht. Der Tee enthält einen antibiotischen Wirkstoff, weshalb er sich auch hervorragend bei Erkältungen oder Entzündungen einsetzen lässt.

Zitronenverbene

Die ursprünglich aus Südamerika, vor allem Chile und Peru stammende *Aloysia triphylla* verströmt einen äußerst reinen, fruchtigen Zitronenduft, dessen Intensität stärker ist als bei den meisten anderen nach Zitronen riechenden Pflanzen. Ein kurzes Berühren der an ätherischen Ölen reichen Blätter genügt, um ihnen eine ganze Wolke intensiven Zitrus-Aromas zu entlocken. Doch die hellgrünen, länglichschmalen Blätter duften nicht nur gut, sie schmecken auch als Tee ausgezeichnet und leisten in der Küche gute Dienste beim Aromatisieren von Süßspeisen und Desserts. Am besten passen sie zu allem, was frisch und fruchtig ist, z. B. zu Obstsalat, Fruchtsorbets oder Eiscreme.

Je häufiger Sie Verbenenblätter ernten und dabei junge Triebspitzen kappen, umso vielfältiger wird sich die Krone der Verbenenpflanze verzweigen. Im Herbst wirft sie ihr Laub ab und kann dann hell oder lichtarm an einer geschützten Stelle bis etwa minus fünf Grad problemlos überwintern, bis sie im Frühjahr wieder neu ausschlägt.

Dill

Anethum graveolens ist einjährig und muss deshalb in jedem Frühling erneut ausgesät werden. Am besten säen Sie immer nur eine kleine Menge Dillsamen in ein Pflanzgefäß und starten in höchstens monatlichen Abständen weitere Aussaaten, dann können Sie immer frischen Dill ernten. Am Ende der Saison lassen Sie einige Dolden ausblühen, sammeln und trocknen die braunen Samen. Im nächsten Frühjahr können Sie dann gleich auf Ihr eigenes Saatgut zurückgreifen.

Spearmint

Wer »Spearmint« hört, denkt wahrscheinlich als Erstes an den berühmten Streifen-Kaugummi in der weißen Verpackung mit dem grünen Pfeil. Tatsächlich wird die in England und Nordamerika gebräuchliche Bezeichnung »Speerminze« auf die speerförmig zulaufenden Blätter zurückgeführt. Eine andere Interpretation weist auf die eher hohe und spitze statt buschige Wuchsform der Pflanze hin. Das Spearmint-Aroma ist so beliebt, dass es als Zusatz in Süßigkeiten, aber auch in Zahnpasten, Shampoos und Seifen weit verbreitet ist.

Die ursprünglich in Europa beheimatete *Mentha spicata* wird bei uns meist unter dem Namen »Grüne Minze« geführt und in der Küche zum Garnieren von Getränken, Obstsalat und Gemüse sowie zum Würzen von Suppen und Saucen verwendet. Der Tee aus ihren Blättern ist erfrischend und gilt als magenschonend.

Ihr Anbau im Kübel ist besonders vorteilhaft, weil sie wie alle Minzenarten unterirdische Ausläufer treibt, die in Beeten bald unkontrollierbar um sich greifen. Zu bedenken ist jedoch, dass sie das begrenzte Nährstoffangebot im Pflanzgefäß bald erschöpft hat und deshalb spätestens alle zwei, drei Jahre umgetopft und mit frischer Erde versorgt werden muss. Die Überwinterung der ansonsten anspruchslosen Pflanze ist unproblematisch.

Petersilie

Petroselinum crispum, eines der beliebtesten Küchenkräuter überhaupt, ist zweijährig und kann bereits im zeitigen Frühjahr im Gewächshaus oder in der Wohnung auf der Fensterbank ausgesät werden. Ab Mitte März, sobald sich der Boden einigermaßen erwärmt hat, lässt sie sich auch im Freien säen. Während der sehr langen Keimzeit von bis zu fünf Wochen brauchen die Samen viel Feuchtigkeit. Auch später gedeiht die Petersilie am besten in einem nahrhaften und feuchten Boden. Geerntet wird dann ab Mai bis Dezember.

Im zweiten Jahr treibt die winterharte Petersilie hübsche Doldenblüten. Wer sich daran erfreuen möchte, lässt sie ausblühen und sät in einem zweiten Topf bereits Nachschub aus. Auf diese Weise haben Sie immer blühende und erntereife Petersilie gleichzeitig zur Hand.

Die Balkonspirale

Kretamelisse

Melissa officinalis ssp. altissima, auch »Apfelmelisse« genannt, ist eine besonders hübsche Melissenart, deren behaarte Blätter ein sehr angenehmes Fruchtaroma verströmen. Die winterharte und auch sonst in jeder Hinsicht anspruchslose Pflanze mag es gern sonnig und mäßig feucht. Die duftenden Blätter eignen sich besonders gut als Gewürz für frische Speisen, als Teekraut allein oder in den verschiedensten Kräuterteemischungen und in getrockneter Form für Duftsäckchen, Duftmischungen und Potpourris.

Die Wasserschale

Als Ersatz für den Teich stellen Sie am Fuß Ihrer Dachgartenspirale eine hübsche Schale auf, die Sie immer wieder einmal mit frischem Wasser befüllen. Sie dient als Vogeltränke, als »stilles Wasser« zur Anregung tiefer Gedanken und Meditationen und – wenn Sie möchten – auch als Blütenpokal, in dem Sie besonders hübsche, große Blüten ohne Stiel schwimmen lassen können.

ⓖ Variation: Die Keramik-Kräuterspirale

Eine ganz besonders reizvolle Variante ist die von Keramikmeisterin Anke Utecht gestaltete Keramik-Kräuterspirale. (Die hier abgebildete Spirale ist im wahrsten Sinne des Wortes ihr »Meisterstück«.)

Die spitz nach außen schwingenden Rundungen und die mit eingeritzten Symbolen verzierten viereckigen Pfosten verleihen dem kleinen Biotop ganz bewusst einen skulpturalen Charakter. Auch außerhalb der Kräutersaison kann man sich so an der ästhetisch ansprechenden Skulptur erfreuen.

Jede Keramik-Spirale ist ein Unikat und wird ganz nach den persönlichen Wünschen und Maßvorgaben der zukünftigen Besitzerinnen und Besitzer angefertigt. Natürlich kann daraus eine ausgewachsene Spirale für den Garten werden, aber auch kleinere

Die Balkonspirale

Ausgaben für schmale Balkons und Terrassen oder sogar »Minispiralen« für den Innenbereich sind ohne weiteres vorstellbar.

Und das Schöne ist: Mit der Keramik-Spirale kann man jederzeit umziehen. Dank eines durchdachten Stecksystems kann sie überall flexibel auf- und wieder abgebaut werden. Trotzdem ist sie äußerst stabil: Die Pfostenteile haben von unten Öffnungen, durch die sie, z. B. durch Metallstangen, im Untergrund verankert werden können.

Die Keramik ist bei 1200 Grad so hoch gebrannt, dass sie auch bei Frost nicht springt und deshalb das ganze Jahr über draußen stehen bleiben kann. Die bewusst nicht glasierten, sondern nur mit Eisenoxid eingeriebenen Teile speichern die Wärme der Sonne und übernehmen so die Funktion der sonst von der klassischen Kräuterspirale her gewohnten Trockenmauer. (Die Bestelladresse finden Sie auf Seite 196.)

Das LunaSolaris-Beet

Mond und Sonne, Tal und Berg, Yin und Yang – Gegensätze, die einander anziehen und im Gleichgewicht halten, sind das Thema dieses reizvollen, von Rainer Lutter ersonnenen und zuerst für die Kräutergärtnerei in Lichtenborn erbauten Hügelbeets. Für alle Menschen, die sich mit der mythologischen Bedeutung von Pflanzen beschäftigen und ihrem Garten einen hintergründigen Touch geben möchten, ist es eine interessante Ergänzung oder Alternative zur Kräuterspirale.

Wie die Kräuterspirale bietet das LunaSolaris-Beet den Kräuterpflanzen statt des üblichen, ebenen Gartenbodens eine dreidimensionale Pflanzfläche mit deutlich artgerechterer Kalkhanglage. Durch die unterbrochene Hügelform ergeben sich auch hier zahlreiche Mikro-

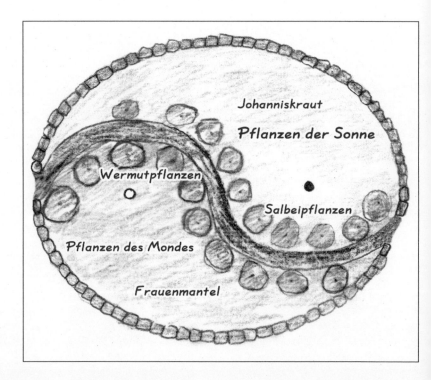

klimazonen, die von den verschiedenen Pflanzen individuell genutzt werden können. Und schließlich verweist das LunaSolaris-Beet wie die Kräuterspirale auf ein uraltes, bedeutungsvolles Symbol, in diesem Fall das Zeichen von Yin und Yang.

Yin und Yang sind zwei Begriffe aus der chinesischen Philosophie, die insbesondere im Taoismus von großer Bedeutung sind. Die ältesten bekannten Ausführungen darüber finden sich im »I Ging«, das als Buch gegen Ende des 2. Jahrtausends vor Christus entstanden ist.

Yin bezeichnet dort die kältere Nordseite eines Berges und das beschattete Südufer eines Flusses, Yang die wärmere Südseite des Berges und ein besonntes nördliches Flussufer.

Entsprechend dem Aufblühen und der Belebung der Natur in der warmen Jahreszeit stand Yang später allgemein für alles Aktive, Zeugende, Belebende, Schöpferische, sich Ausdehnende, Glänzende, Äußere, Yin entsprechend den winterlichen Qualitäten für alles Passive, Verborgene, sich Zusammenziehende, Innere. Wesentlich war auch die Zuordnung von Yang zum Männlichen und Yin zum Weiblichen, wobei Yin und Yang sich nach chinesischer Auffassung nie unversöhnlich, sondern stets ergänzend gegenüberstehen. Und wie der kleine schwarze Kreis im großen weißen Feld und der kleine weiße Kreis im großen schwarzen Feld zeigen, ist nichts immer nur entweder Yin oder Yang. Beide Aspekte müssen in ausgewogenem Maße vorhanden sein, um ein harmonisches Ganzes zu bilden. Und: Keines ist absolut, sondern nur in Beziehung zum anderen zu verstehen.

Zu philosophischen Überlegungen dieser Art lädt uns die Form des LunaSolaris-Beetes ein. Sobald Sie seinen S-förmigen Mittelweg betreten, werden Sie Teil eines solchen ausbalancierten Systems. Die Bepflanzung stellt eine bewusst offen angelegte Interpretation des Yin-Yang-Paares als Mond und Sonne dar. Auf der einen Seite schauen Sie auf die dem Mond zugeordneten Pflanzen, auf der anderen Seite können Sie die »Sonnenkräuter« sehen.

Dass Kräuter bestimmten Gestirnen zugeordnet werden, hat eine lange Tradition. Bei den »Mondpflanzen« liegt die Zuordnung auf der Hand: Artemis ist die griechische Göttin des Mondes, des Waldes und der Jagd. Zum Jagen kommt sie nur in den Neumondnächten, weil sie in den übrigen Nächten den Mondwagen über den Himmel lenkt. Zu ihren berühmtesten Attributen gehören nicht nur der Pfeil und der silberne Bogen, der die Mondsichel symbolisiert, sondern auch das nach ihr benannte Wermutkraut *(Artemisia absinthium)*.

Die erstaunliche Vielfalt der Artemisia-Arten entlang des mäandernden Mittelwegs erfahrbar zu machen, ist denn auch die Aufgabe der »Mondseite« des LunaSolaris-Beetes. Beifuß, Wermut, Silber-Raute und Estragon sorgen für ein reizvolles Bild. Ergänzend dazu wird in den unteren Lagen dieser Hügelseite Frauenmantel angepflanzt, eine Symbolpflanze, die in enger Verbindung sowohl mit dem Mondzyklus als auch mit dem Monatszyklus der Frauen steht. Für heilkundliche Zwecke wurde Frauenmantel denn auch stets bei abnehmendem Mond gesammelt, weil er dann seine stärkste Heilkraft entfalten soll.

Die Sonnenseite des Beetes wird dazu genutzt, entlang des Weges die verschiedensten Salvia-Arten vorzustellen, vom Wiesensalbei bis zum Muskatellersalbei, vom duftenden Ananassalbei bis zum Lavendelblättrigen *Salvia lavandulifolia*. Sie alle lieben die Sonne und gedeihen dort, wo sie am kräftigsten scheint, am allerbesten. Als Symbolpflanze kommt auf der Sonnenseite ergänzend das Johanniskraut dazu, dessen sonnengelben Blüten traditionell zur Sommersonnenwende geerntet werden.

Alles in allem ergibt sich so ein harmonisches Ganzes: eine Kräuterinsel mit zwei Bergen und mythologischem Tiefgang, die Ihrem Garten ein besonderes Flair verleiht.

Das LunaSolaris-Beet

Steckbrief: **LunaSolaris-Beet**
Standort: sonnig bis halbschattig
Substrat: trocken, mager, durchlässig
(am besten Kalkschotter mit Nullanteilen)
Bepflanzung: Pflanzen, die der Sonne und dem Mond zugeordnet werden

	Pflanze	Botanischer Name	Standort	Besonderheiten
Sonnenkräuter	Ananassalbei	*Salvia rutilans*	4,5	nicht winterhart
	Gewöhnlicher Salbei	*Salvia officinalis*	7	
	Weißer Salbei	*Salvia officinalis 'Alba'*	2	weiße Auslese
	Honigmelonensalbei	*Salvia elegans*	1	nicht winterhart
	Klebriger Salbei	*Salvia glutinosa*	8	
	Lavendelblättriger Salbei	*Salvia lavandulifolia*	3	
	Muskatellersalbei	*Salvia sclarea*	10	zweijährig
	Purpursalbei	*Salvia officinalis 'Purpurascens'*	9	
	Wiesensalbei	*Salvia pratensis*	6	
Beipflanzung	Johanniskraut	*Hypericum perforatum*		fünfzehn Pflanzen, flächig
alternativ:	Ringelblume	*Calendula officinalis*		einjährig

Das LunaSolaris-Beet

	Pflanze	Botanischer Name	Standort	Besonderheiten
Mondkräuter	Eberraute	Artemisia abrotanum	8,9	
	Duftende Eberraute	Artemisia procera	5	
	Estragon	Artemisia dracunculus	6,7	Ausläufer treibend
	Gewöhnlicher Beifuß	Artemisia vulgaris	1	150 cm hoch
	Römischer Wermut	Artemisia pontica	4	
	Wermut	Artemisia absinthum	2,3	
	Zwergsilberraute	Artemisia schmidtiana ‚Nana'	10	Auslese
Beipflanzung	Frauenmantel	Alchemilla mollis oder vulgaris		zehn Pflanzen, flächig

Bauen

Für den Bau eines LunaSolaris-Beets brauchen Sie eine ovale Grundfläche von etwa drei mal fünf Metern, auf der fünfzig bis sechzig Zentimeter Kalkschotter aufgeschüttet werden. Als Standort kommen alle reichlich von der Sonne beschienenen Gartenbereiche in Betracht. Bedenken Sie bei der Wahl des Standorts, dass eine eher kurze Anfahrt von der Grundstücksgrenze deutlich weniger Arbeit macht, denn es sind etliche Schubkarren Kalkschotter anzufahren.

Vor dem Aufschütten des Schotters empfiehlt es sich, auf dem Boden ein auf die Grundform zugeschnittenes Gartenvlies aus Polypropylen auszulegen, damit keine Wurzelunkräuter von unten in das Hügelbeet wachsen. Der Rand des Vlieses wird rundherum mit Steinen abgedeckt und das Vlies am Rand etwas hochgezogen, um den Schotter so vor möglichen Unkrautausläufern aus der Umgebung zu schützen. Anschließend wird der Schotter eingefüllt.

Auf jeden Fall sollte es Kalkschotter mit Nullanteilen, also mit ganz feinen Elementen (null bis elf Millimeter oder null bis sechzehn Millimeter) sein. Nur so finden die Wurzeln der Pflanzen Halt, und es ist eine gewisse Wasserhaltefähigkeit gegeben. Solchen Kalkschotter können Sie von Kalksteinbrüchen oder über Garten- und Landschaftsbaubetriebe beziehen. Vergewissern Sie sich aber in jedem Fall, ob tatsächlich Nullanteile vorhanden sind. Hat der Schotter längere Zeit im Steinbruch gelagert, sind diese womöglich schon vom Regen ausgewaschen worden.

Für ein LunaSolaris-Beet in der beschriebenen Größe benötigen Sie etwa sechs bis sieben Tonnen Schotter. Das klingt nach einer enorm großen Menge, ist aber letztlich nicht so viel, weil der Schotter recht schwer ist. Pro Tonne müssen Sie mit etwa zehn Schubkarrenladungen rechnen. Es lohnt sich also, zum Befüllen des Beetes einige fleißige Helferinnen und Helfer einzuladen.

Ist der Schotterhügel fertig, können Sie oben in der Mitte damit beginnen, einen vertieften, S-förmigen Weg anzulegen. Dieser Weg sollte möglichst eben sein, damit Sie ihn später gut begehen können. Wenn Sie den Weg optisch hervorheben möchten, können Sie andersfarbiges Schottermaterial als Deckschicht aufbringen. Die beiden Hügel zu beiden Seiten entstehen dabei ganz von alleine. Wenn Sie möchten, legen Sie auf den einen Hügel einen großen hellen, auf den anderen Hügel einen großen dunklen Stein, um die Yin-Yang-Symbolik noch weiter zu betonen.

Pflanzen

Jeweils zehn Artemisia- und Salviapflanzen werden entlang des Mittelwegs gepflanzt (die Pflanzen dabei nicht zu dicht an den Weg setzen, damit dieser nicht zugewuchert wird). Darunter kommen in flächiger Bepflanzung etwa zehn Frauenmantelpflanzen auf der Mondseite und etwa fünfzehn Johanniskrautpflanzen auf der Sonnenseite zu stehen. Die Pflanzen werden mit den Topfballen vorsichtig in den Schotter gesetzt. Zusätzliche Erde ist nicht notwendig. Wichtig ist nur, in den ersten Wochen bei Trockenheit ganz regelmäßig zu gießen. Später, wenn die Pflanzen Wurzeln in den Schotter getrieben haben, ist dies nicht mehr notwendig.

Das LunaSolaris-Beet

Pflanzschema:

Mondkräuter
1 – Gewöhnlicher Beifuß
2 – Wermut
3 – Wermut
4 – Römischer Wermut
5 – Duftende Eberraute
6 – Estragon
7 – Estragon
8 – Eberraute
9 – Eberraute
10 – Zwergsilberraute
Beipflanzung: Frauenmantel

Sonnenkräuter
1 – Honigmelonensalbei
2 – Weißer Salbei
3 – Lavendelblättriger Salbei
4 – Ananassalbei
5 – Ananassalbei
6 – Wiesensalbei
7 – Gewöhnlicher Salbei
8 – Klebriger Salbei
9 – Purpursalbei
10 – Muskatellersalbei
Beipflanzung: Johanniskraut
(alternativ: Ringelblume)

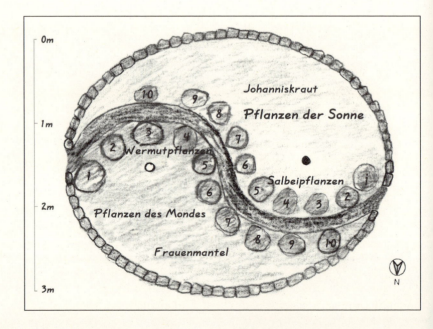

Die nicht winterharten Pflanzen müssen vor dem Frost ausgegraben und an einem frostfreien Platz überwintert werden (wie alle Kübelpflanzen). Das Beet ist ansonsten sehr pflegeleicht, da sich in dem Substrat wenig Unkraut aussamt. Die krautigen Artemisia-Arten werden im Herbst oder im Frühjahr zurückgeschnitten. Die Salvia-Arten werden je nach Ausbreitungsdrang zurückgeschnitten, sodass die weniger stark wachsenden Arten auch noch Licht bekommen. Sämlinge des zweijährigen Muskatellersalbeis sollten gejätet werden.

Die Kräuter im Einzelnen

Gewöhnlicher Beifuß

Artemisia vulgaris kennen wir bereits von der Heilkräuterspirale (siehe Seite 39). Tatsächlich war der Beifuß schon in der Antike als Heil- und Gewürzpflanze bekannt. Auf dem LunaSolaris-Beet macht er vor allem wegen seines dekorativen Laubs eine gute Figur. Sein botanischer Name geht, wie gesagt, auf die griechische Göttin Artemis zurück, die nach antiker Vorstellung den Mondwagen über den Himmel lenkte. Auf vielen Darstellungen ist sie mit Artemisia-Zweigen zu sehen.

Auch die Germanen sahen den Beifuß mit göttlicher Macht verbunden. Sie nannten ihn »Thorwurz« – nach Thor, dem germanischen Donnergott, der den Zaubergürtel Megingjard besaß. Mit diesem Gürtel aus Beifuß konnte er seine Kraft verdoppeln und so seine gefährlichen Reisen und Kämpfe bestehen.

Die Römer legten sich Beifußblätter in die Sandalen, um ihre Füße vor Übermüdung zu schützen – eine Verwendung, die sich in dem deutschen Namen »Beifuß« wiederfindet. Probieren Sie einmal ein warmes Fußbad mit frischen Beifußblättern, wenn Ihre Füße nach einer langen Wanderung geschwollen sind – eine Wohltat!

Wermut

Artemisia absinthum wirkt wegen seines silbergrauen Haarkleids im Garten äußerst attraktiv. Die ganze Pflanze verströmt einen aromatisch-bitteren Duft nach ätherischem Öl, der für manche Menschen durchaus gewöhnungsbedürftig ist. Als Tee wird er seit jeher bei Beschwerden im Magen-Darm-Bereich oder bei Gallenbeschwerden eingesetzt (Schwangere sollten allerdings darauf verzichten).

Bekannter aber ist er als wichtigste Zutat zum Absinth, einem stark alkoholischen Getränk. Wegen seiner grünlichen Farbe wurde Absinth auch »die grüne Fee« (»la Fée Verte«) genannt. Schon bald stand er in dem Ruf, zu starker Abhängigkeit und gesundheitlichen Schäden zu führen. Lange Zeit führte man dies auf das im Absinth enthaltene Nervengift Thujon zurück. Heute macht man eher die schlechte Qualität des Alkohols und die großen konsumierten Mengen dafür verantwortlich.

Römischer Wermut

Artemisia pontica ist perfekt an ein trocken-heißes Klima angepasst. Vor übermäßigem Wasserverlust durch Verdunstung ist er durch extrem schmale Blattflächen und eine dichte, silbrige Behaarung seiner Blätter geschützt. Dadurch ist er aber auch auf volle Sonneneinstrahlung angewiesen. Im Schatten bekommt er zu wenig Licht, kümmert und geht ein. Neben dem attraktiven, silbrigen Laub fallen vor allem die im Durchmesser nur vier Millimeter messenden, runden Blütenköpfchen des Römischen Wermuts ins Auge. Erst mit der Lupe erschließt sich die ganze Schönheit dieser Blütenwunder, die aus einigen Dutzend winziger Einzelblüten bestehen.

Duftende Eberraute

Warum *Artemisia procera* zu ihrem deutschen Namen gekommen ist, merken Sie sofort, wenn Sie an den frischen Spitzen riechen – sie verströmt einen angenehmen, zitronenartigen Duft.

Verwendet man für einen Teeaufguss allerdings mehr als die Spitzen, schmeckt das Getränk bitter. Die ätherischen Öle, Bitter- und Gerbstoffe sollen magenstärkend und verdauungsfördernd, wurmtreibend, menstruationsfördernd und antiseptisch wirken. In klarem Schnaps eingelegte Eberrautenblätter sollen gegen Kopfschmerzen helfen. Schwangere sollten allerdings lieber darauf verzichten und sich stattdessen nur an dem Duft erfreuen.

Estragon

Artemisia dracunculus bedeutet »kleiner Drache«. Volkstümliche Namen wie »Drachen-« oder »Schlangenkraut« deuten ebenfalls auf eine Anwendung hin, die schon Plinius in seiner Naturkunde erwähnte: Um von Schlangen und Drachen nicht gebissen zu werden, trug man einen Stängel dieser Pflanze bei sich. Außerdem glaubte man, das »Drachenkraut« heile die Bisse giftiger Tiere. Andere Deutungen führen den Namen auf die schlangenähnlichen, auffallend fleischigen und raumgreifenden Estragonwurzeln zurück.

Ob der Estragon ursprünglich aus dem östlichen Mittelmeerraum oder aus Südostrussland stammt, ist noch ungeklärt. Die Kreuzfahrer sollen ihn mit nach Nord- und Mitteleuropa gebracht haben. Bis heute unterscheidet man zwischen dem russischen (weniger kälteempfindlichen und im Aroma bittereren) und dem französischen (nicht immer winterharten, aber anisartig süßlicher schmeckenden) Estragon. Mit seinen hellgrünen, schmalen, bis zu sechs Zentimeter langen Blättern ist der Estragon in jedem Fall für die Mondseite des LunaSolaris-Beetes eine schöne Bereicherung. Bildet er zu viele Ausläufer, muss man ihn allerdings ab und zu mit dem Spaten in seine Grenzen weisen.

Eberraute

Artemisia abrotanum ist weder mit der Raute verwandt, noch hat sie irgendeinen Bezug zu männlichen Schweinen. Bei dem deutschen Namen »Eberraute« dürfte es sich vielmehr um eine Verballhornung des lateinischen *abrotanum* handeln. Vielleicht steckt aber auch das griechische Wort *abrotos* (= unsterblich) dahinter, weil die fast immergrünen Blätter so frisch wirken, als könnten sie nie verwelken.

Als Heilkraut war sie schon im alten Griechenland im Einsatz. Hildegard von Bingen empfahl sie als Mittel gegen Gicht und Grind. Bei der Zubereitung fetter Speisen bewährt sie sich als Würzkraut. Sie sollte allerdings nicht in großen Mengen verwendet werden. Aus Norddeutschland überliefert ist der Brauch, kleine Sträuße aus Eberraute ins Gesangbuch zu legen. Die Kirchgänger labten sich an dem Duft, um während der Predigt nicht einzunicken.

Das LunaSolaris-Beet

In Bauerngärten wird die Eberraute, die ein bis zwei Meter hoch werden kann, gelegentlich noch als Heckenpflanze verwendet, weil sie mit ihrem feingliedrigen, graugrünen Laub sehr attraktiv wirkt und außerdem nach Zitrone duftet.

In Frankreich glaubte man, mit dem intensiven Geruch Insekten vertreiben zu können und hängte deshalb kleine Eberrautensträuße in die Kleiderschränke. Bis heute sind Eberrautenblätter Bestandteil verschiedener Kugeln und Pulver gegen Fliegen und Motten.

Zwergsilberraute

Artemisia schmidtiana ,Nana', die Zwergsilberraute, ist eine besonders hübsche, bodendeckende Artemisia-Art, die nur etwa zwanzig bis fünfundzwanzig Zentimeter hoch wird und kissenartige Polster bildet. In englischen Gärten wird sie deshalb häufig in Staudenrabatten eingesetzt. Mit ihren silberweißen, fächerförmigen, tief eingeschnittenen Blättern und ihren im Juni bis Juli erscheinenden, weißen Blüten bildet sie einen dekorativen Kontrast zu den höheren Artemisia-Arten.

Frauenmantel

Der botanische Name *Alchemilla vulgaris* leitet sich von dem arabischen Wort *alkemelych* (= Alchemie) ab. Tatsächlich versuchten die Alchemisten, aus den Tautropfen des Frauenmantels Gold zu gewinnen. Die Pflanze scheidet diese Tautropfen durch feine Poren am Blattrand selbst aus. In der Biologie spricht man in diesem Zusammenhang von »Guttationstropfen«. Offenbar hat dieses »Pflanzenwasser« die Menschen schon immer fasziniert. Die Druiden sammelten es und nutzten es zur rituellen Reinigung bei kultischen Handlungen.

Der deutsche Name deutet darauf hin, dass die Pflanze in der Naturheilkunde vor allem als »Frauenmittel« zum Einsatz kommt. Als solches hat es sich besonders bei der Behandlung von Zyklusproblemen bewährt. Da der Monatszyklus der Frauen bekanntlich zum Mondzyklus in einem engen Zusammenhang steht, ist der Frauenmantel eine gute Begleitpflanze für die Mondseite des LunaSolaris-Beets.

Salbei

Als sonnenverwöhntes Kind des Südens ist der Salbei für die Sonnenseite des LunaSolaris-Beetes wie geschaffen. *Salvia officinalis*, der in Südfrankreich, Italien, Griechenland, Dalmatien und Mazedonien auch wild an Berghängen wächst, ist als Würz- und Heilpflanze sehr beliebt. Mit ihren stark verzweigten, graugrünen bis silbergrauen Blättern und den üppigen Blüten macht sich die weißblühende Variante am Rand des Mittelwegs ganz besonders gut.

Der nicht winterharte Honigmelonensalbei *(Salvia elegans)* gehört zu den Ziersalbeiarten und verdankt seinen Namen dem köstlichen, an Honigmelonen oder auch Mandarinen erinnernden Duft. Seine auffälligen Blüten sind tiefrot.

Das Laub des Lavendelblättrigen oder Spanischen Salbeis *(Salvia lavandulifolia)* ist gestielt und eiförmig bis elliptisch. Die jüngeren Blätter sind weißlich grau.

Der Ananassalbei *(Salvia rutilans)* ist sehr wuchsfreudig und treibt große Mengen der herrlich fruchtig riechenden Blätter und rote Blüten. Die Blätter sind zur Dekoration und zum Würzen süßer Speisen hervorragend geeignet. Ananassalbei ist allerdings nicht winterhart, muss deshalb, wie auch der Honigmelonensalbei, vor dem ersten Frost herausgenommen und frostfrei überwintert werden.

Der Wiesensalbei *(Salvia pratensis)* ist eine wild wachsende Salbeiart mit hell- bis mittelblauen Blüten. In weiten Teilen Europas ist er bis in 1600 Meter Höhe verbreitet. Wie den Küchensalbei *(Salvia officinalis)* kann man ihn als Gewürz verwenden, doch ist sein Aroma weit weniger intensiv. Für alle Zubereitungen, in denen eher eine dezente Würzkraft erwünscht ist, ist er deshalb wie geschaffen.

Der Klebrige Salbei *(Salvia glutinosa)* ist der einzige gelbblühende Salbei Mitteleuropas – wirklich eine ganz ungewöhnliche Farbgebung in dieser Pflanzengattung. Die langlebigen Pflanzen sind an den angenehm aromatisch duftenden Blättern und Blüten klebrig behaart. Hinter der Klebrigkeit vermutet man eine Schutzfunktion gegen Fressfeinde. Wild kommt der Klebrige Salbei in Laub- und Mischwäldern in den Gebirgen Mittel- und Südeuropas vor.

Zu den hellgelben Blüten des Klebrigen Salbeis bilden die blutroten Kelch- und Hochblätter des Purpursalbeis einen schönen Kontrast. Die Heimat von *Salvia officinalis ‚Purpurascens'* sind die Hochwälder Brasiliens.

Mit seinen rosa- bis lilafarbenen Blüten und seinem betörenden Duft bildet der zweijährige Muskatellersalbei *(Salvia sclarea)* einen schönen Abschluss der Salvia-Reihe.

Johanniskraut

Hypericum perforatum ist auf vielfältige Weise mit der Sonne verbunden. Seine goldgelben Blüten, die voll erblühen, wenn die Sonne am längsten scheint, nämlich in der Zeit rund um die Sommersonnenwende und den – namensstiftenden – Johannistag, scheinen die Heilkraft der Sonne geradezu eingefangen zu haben. Und tatsächlich bringt das stimmungsaufhellende Johanniskraut Sonnenlicht in die Seele. Gleichzeitig erhöht es die Empfindlichkeit für die Sonneneinstrahlung. Als Sonnenkraut par excellence bildet es eine würdige Beipflanzung für die Sonnenseite des LunaSolaris-Beets. Wenn es Ihnen aber die Ringelblume, als »Königin der Heilpflanzen« eher angetan hat, können Sie diese auch anstelle des Johanniskrautes pflanzen oder säen.

Die begehbare Spirale

Überall dort, wo viel Platz zur Verfügung steht und es darum geht, größere Besucherscharen mit einer möglichst breiten Vielfalt an Kräuterpflanzen bekannt zu machen, bietet sich der Bau einer begehbaren Spirale an. Vielleicht ist auch schon ein kleinerer oder größerer Hügel vorhanden, den es gärtnerisch zu gestalten gilt? Das wäre von Vorteil, denn für eine dreidimensionale begehbare Kräuterspirale ist viel Material aufzuschichten und so zu stabilisieren, dass die Wege eben und tatsächlich gut begehbar sind.

Bei einer so großen Kräuterspirale werden die Mauern nämlich durch Wege ersetzt, und die Kräuter werden zwischen die Wege gepflanzt. Wer die Spirale betritt, taucht also ganz in die Welt der Kräuter ein, kann nach links und rechts schnuppern und staunen, sich auf dem rundum verlaufenden Pfad allmählich in die Höhe schrauben und von oben das ganze Kräuterreich überblicken. Weil die Steigung geringer ausfällt,

Die begehbare Spirale

die Steine als Wärmespeicher fehlen und auch der Gegensatz zwischen Besonnung und Beschattung nicht so stark hervortritt, sind die kleinklimatischen Vorteile der klassischen Kräuterspirale bei dieser Variante nicht mehr gegeben. Dafür ist die begehbare Spirale gestalterisch sehr reizvoll und bietet ein umfassendes Kräutererleben.

Ein sehr schönes Beispiel ist die begehbare Kräuterspirale beim Kloster St. Georgen am Längsee nördlich von Klagenfurt, die Sie auf der Zeichnung dargestellt sehen. Mit neun Meter Durchmesser ist sie die größte in Kärnten. Entstanden ist sie im Rahmen eines Projekts des Umweltreferates der Diözese Durk in Zusammenarbeit mit dem Bildungshaus St. Georgen und dem Freiwilligen Ökologischen Jahr (FÖJ).

Der Standort der Spirale im Stiftsgarten ist optimal. Die sonnige Lage und der Schutz der mächtigen Klostermauern sorgen dafür, dass dort die unterschiedlichsten Kräuter hervorragend gedeihen. Von den Wegen aus ist die Kräuterernte mühelos zu bewerkstelligen. Und auch zur Klosterküche ist es nicht weit, sodass die frisch geernteten Kräuter dort gleich alle Mahlzeiten bereichern können. So ist die begehbare Kräuterspirale in St. Georgen Teil eines harmonischen Ganzen. (Übrigens gibt es in St. Georgen außer der begehbaren Kräuterspirale auch einen echten Permakulturgarten, den man – mit fachkundiger Führung! – besichtigen kann.)

Ebenfalls in Österreich, in der Tiroler Marktgemeinde Telfs, befindet sich die mit zwanzig Meter Durchmesser größte Kräuterspirale der Welt. Die von den Brüdern Christian und Tobias Schediwetz geschaffene Riesenspirale hätte es fast ins Guinnessbuch der Rekorde geschafft, hätte die britische Zentralredaktion das Thema nicht doch als »a little too specialized« empfunden und anderen, anscheinend weniger abwegigen Rekorden wie Liegestützen auf zwei Daumen den Vorzug gegeben.

Die nach Gesichtspunkten und Maßstäben der Permakultur errichtete Telfer Spirale ist ein Kultur- und Sozialprojekt, das Kräuterinteressierten die Möglichkeit gibt, eine Fülle von Kräutern kennen zu lernen, die sonst nur schwer zu finden, in Vergessenheit geraten oder gar vom Aussterben bedroht sind. Dabei wurde größte Sorgfalt auf Sortenreinheit gelegt; genmanipulierte Sorten gibt es nicht.

Die begehbare Spirale

Mehr als achtzig Kräuter, alle unter *www.kraeuterspirale.com* aufgelistet, können in Telfs besichtigt, berührt, geschmeckt und beschnüffelt – kurz: mit allen Sinnen erfahren werden. Am eindrücklichsten geschieht dies natürlich im Rahmen einer fachkundigen Führung mit einem der beiden »Väter« der Rekordspirale. Nehmen Sie über die Website Kontakt mit ihnen auf.

Doch auch etwas weiter nördlich sind schöne begehbare Spiralen zu bewundern. In Bad Bellingen im Markgräflerland z. B. eine mit Blumen, Stauden und Gehölzen bepflanzte Variante direkt vor dem schönen Thermalbad. Die mit einem speziellen Formschnitt versehene Kiefer an der Spitze macht sich darauf ganz besonders gut. Auf dem schleswig-holsteinischen Museumshof Lensahn gibt es neben einem historischen Bauerngarten mit Buchsbaumhecken, alten Stauden, Blumenzwiebelgewächsen, Steingarten und Bienenhaus, einen Riech- und Färbergarten mit vierundfünfzig verschiedenen Pflanzen sowie eine begehbare Kräuterspirale mit vierundzwanzig verschiedenen Küchen- und Arzneikräutern. Und in Bremen wartet das »FlorAtrium«, das Beratungszentrum der Bremer Gartenfreunde, wo Kinder mitten in der Stadt vielfältige Naturerfahrungen sammeln können. Das »FlorAtrium« ist ein Ort der Kommunikation, der Information und der Umweltbildung und bietet neben Beratungen für Kleingärtner und ihre Familien vielfältige Lernangebote. Der 4000 Quadratmeter große Lehrgarten hat eine Musterlaube, einen Lehr-Bienenstand und eine schöne, begehbare Kräuterspirale.

Doch wie können mit großen Grundstücken gesegnete Menschen sich solche imposanten Spiralen ins eigene Gartenreich holen?

Ist kein Hügel vorhanden, raten wir Ihnen, Ihre begehbare Kräuterspirale der Einfachheit halber auf ebener Fläche anzulegen. Die Spiralstruktur wird dann durch beidseitig mit Buchs (oder mit Steinen) eingefasste Wege mit wassergebundener Decke vorgegeben. Dieser Belag aus fein gemahlenem Ziegelsplitt eignet sich besonders für den spiralförmigen Verlauf des Weges, da er sich perfekt an dessen Form anpassen lässt. Außerdem ist er wasserdurchlässig, man schafft also keine versiegelten Flächen. Das im Fachhandel erhältliche Material (Markenname »*Sabalith*«) wird in einer Dicke von etwa zehn Zentimetern auf

Die begehbare Spirale

die vorbereitete, mit Grobschotter (Größe sechzehn bis zweiunddreißig Millimeter) drainierte Wegefläche aufgebracht und muss nur leicht angewalzt oder festgetreten werden. Den Rest erledigt der Regen, der das Material in etwa zwei bis drei Wochen verfestigt (daher die Bezeichnung »wassergebunden«). Zwischen den Wegen entstehen die Flächen, die Sie nach Belieben mit Kräutern, aber auch mit Stauden und kleinen Gehölzen bepflanzen können.

Eine in vieler Hinsicht ganz besonders reizvolle Variante ist die von Rainer Lutter entworfene **Fibonacci-Spirale**.

Variation: Die Fibonacci-Spirale

Wann haben Sie sich das letzte Mal die Blüte eines Gänseblümchens genauer angesehen? Vielleicht ist Ihnen dabei aufgefallen, dass die kleinen, gelben Röhrenblütchen spiralförmig angeordnet und bei den Spiralenstrahlen deutlich zwei verschiedene Drehrichtungen zu erkennen sind: mit dem Uhrzeigersinn und gegen den Uhrzeigersinn. Bei den Blütenständen von Sonnenblumen sieht es ganz ähnlich aus, und auch die Schuppen von Kiefernzapfen, die Hochblätterenden von Ananasfrüchten und die Blätter vieler Bäume zeigen solche Spiralenanordnungen.

Das Verblüffende ist nun, dass in jeder Gänseblümchenblüte eine konstante Anzahl von rechts- und linksherum drehenden Spiralenstrahlen steckt: 21 drehen mit und 34 gegen den Uhrzeigersinn. Bei den Sonnenblumen sind es 34 und 55, bei Kiefernzapfen 5 und 8, bei Ananasfrüchten 8 und 13. Wieso kommt es immer wieder zu den selben Zahlenkombinationen? Und was haben all diese scheinbar zufälligen Zahlen gemeinsam?

An dieser Stelle kommt Leonardo Fibonacci ins Spiel, der um das Jahr 1200 in Pisa lebte und als bedeutendster Mathematiker des Mittelalters gilt. Er beschrieb und berechnete als Erster die nach ihm benannte Zahlenfolge, die Sie vielleicht aus Dan Browns Bestseller »The Da Vinci Code« (deutsch: »Sakrileg«) kennen, wo sie ebenfalls eine nicht unbedeutende, geheimnisvolle Rolle spielt. Für die beiden ersten Zahlen dieser Folge werden die Werte 0 und 1 vorgegeben; jede weitere Zahl ist die Summe ihrer beiden Vorgänger.

Daraus ergibt sich die Zahlenfolge:
0, 1, 1, 2, 3, 5, 8, 13, 21, 34, 55, 89, 144, 233, 377, 610, 987, 1597 ...

Ist Ihnen etwas aufgefallen? Die Gänseblümchenspiralen mit ihrem Spiralenverhältnis von 21 zu 34 entsprechen zwei aufeinander folgenden Fibonacci-Zahlen. Das Gleiche gilt für die Kiefernzapfen (5 zu 8) und die Ananasfrüchte (8 zu 13).

Das hängt damit zusammen, dass sich der in Kunst und Architektur oft als ideale Proportion und als Inbegriff von Ästhetik und Harmonie angesehene »Goldene Schnitt« mathematisch am ehesten durch Brüche aufeinander folgender Fibonacci-Zahlen beschreiben lässt, die genannten benachbarten Blüten, Samen und Blätter also zueinander im »Goldenen Winkel« stehen. Durch diese Anordnung erzielt die Pflanze die beste Lichtausbeute. Der »Goldene Winkel« verhindert, dass ein Blatt genau senkrecht über dem anderen steht und es so beschattet. Gleichzeitig verhindert er, dass von Licht beschienene, aber ungenutzte Lücken entstehen. Die dicht gedrängten, gegenläufigen Spiralenstrahlen sind also nicht nur wunderhübsch anzusehen, sondern auch Ausdruck einer optimalen Energieausbeute durch die Natur.

Vor diesem tiefsinnigen Hintergrund ist die Idee für die begehbare Fibonacci-Spirale entstanden. Mit ihren acht Metern Durchmesser ist sie ein echtes Schmuckstück und kann wahrhaftig als eigenständiger kleiner Garten gelten. Formgebend sind die Fibonacci-Zahlen 5 und 8: Über fünf gegen den Uhrzeigersinn drehende, spiralförmige Wege, die sich im Zentrum zu einem Kreisweg vereinigen, sind alle Teile des kreisförmigen Kräuterbeets gut zu erreichen. (Die Wegbreite beträgt außen sechzig, innen vierzig Zentimeter.) Die klare Gliederung in fünf Spiralensegmente erlaubt die Bepflanzung nach verschiedenen Kräuterthemen. Das jeweils

Die begehbare Spirale

eingefüllte Substrat der einzelnen Segmente lässt sich problemlos an die dort wachsenden Pflanzen anpassen. Die Beetsegmente sind (etwa zwanzig Zentimeter hoch und tief) mit Buchsbaum eingefasst. (Wählen Sie dafür einen bewährten Einfassungsbuchsbaum wie *Buxus sempervirens* ‚*Suffruticosa*‘, der langsam wächst und im Winter grün bleibt, also nicht hellbraun oder kupferfarben wird.) Die Wege weisen eine »wassergebundene« Wegedecke auf (siehe Seite 179). Doch auch die mit dem Uhrzeigersinn drehenden acht Spiralenstrahlen kommen durch die etwa zwanzig Zentimeter breite Klinkerstein-Bänderung gut zur Geltung. Das kreisförmige, mit Natursteinen eingefasste Wasserbecken im Zentrum kann mit einem Springbrunnen ausgestattet werden. Fünf kleinere Sträucher (z. B. Lavendel) oder Topfpflanzen am äußeren Kreis markieren die Beetsegmente.

Die auf den ersten Blick wie ein wunderschönes Mandala wirkende Struktur besitzt eine ungeheure innere Dynamik. Fast sieht es so aus, als würde die Spirale sich jeden Augenblick in Bewegung setzen und um die eigene Achse drehen.

Sollten Sie in Zukunft einmal nach Pisa kommen, haben Sie dort jedenfalls ab sofort nicht nur den »Schiefen Turm« als Anlaufstelle. Im Kreuzgang des historischen Friedhofs Campo Santo finden Sie eine eindrucksvolle Statue Leonardo Fibonaccis. Statten Sie dem großen Mathematiker der Gänseblümchen einen Respektsbesuch ab!

Die begehbare Spirale

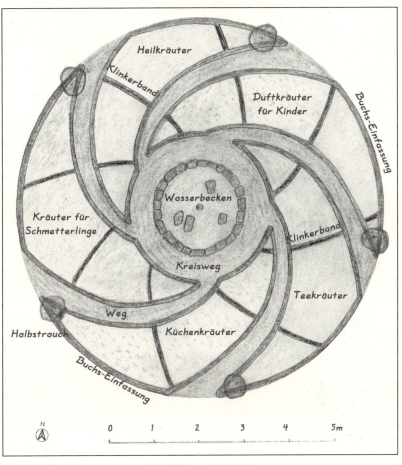

Die Fibonacci-Spirale

Der Spiralengarten

Wer ein großes, freies Grundstück zu gestalten hat, kann sich auch für den von Rainer Lutter entworfenen Spiralengarten entscheiden. Die begehbare Spiralenstruktur als formgebendes Element prägt die großzügige Anlage, die sich sowohl in ländliche als auch in vorstädtische Umgebungen hervorragend einpasst und sich ohne weiteres mit alter ebenso wie mit moderner Architektur verträgt.

Das kleine Teehaus in der lauschigen Ecke des Gartens ist Blickfang und Rückzugsmöglichkeit zugleich. Von diesem schattigen Plätzchen aus kann man den Garten aus einer anderen Perspektive genießen und hat einen guten Blick auf das Haus.

Ein kleiner Teich trägt zur mikroklimatischen Vielfalt bei, zieht im Garten lebende Wildtiere an und ist die ideale Beobachtungsstation für Kinder. Die Versickerungsmulde an der nördlichen Hausecke fängt das Regenwasser auf, welches dann für die Gartenbewässerung genutzt werden kann. Überschüssiges Wasser kann man auf dem Grundstück versickern lassen, ein Beitrag zum Hochwasserschutz.

Jenseits des zentralen runden Weges fallen die zahlreichen Rosenbeete ins Auge – ein wahres Eldorado für Rosensammlerinnen und -sammler, die sich hier einmal richtig austoben können. Die Rosen können mit Begleitstauden wie blaublühenden, nicht zu hoch wachsenden Pflanzen kombiniert werden. (Eine Liste bewährter Rosenbegleitstauden finden Sie auf Seite 188.) Für die einzelnen Rosenbeete sind verschiedene Themen denkbar. Dabei fallen natürlich als erstes Ordnungsprinzip die verschiedenen Rosenfarben ein, aber natürlich könnte es auch ein Beet mit englischen Rosen, eines mit alten Rosen usw. geben.

Auf dem »grauen Beet« kommen graulaubige Pflanzen wie Currykraut, Lavendel, Salbei, Wermut und Katzenminze richtig gut zur Geltung. Das »weiße Beet« ist dem berühmten »weißen Garten« von Vita Sackville-West im südenglischen Sissinghurst nachempfunden. Besonders schön leuchten die weißen Blüten erfahrungsgemäß in den frühen Abendstunden. Es handelt sich hierbei also um einen echten »Feierabendgarten«. Von fast allen Stauden gibt es weißblühende Auslesen. Ähnliches gilt für einjährige Blumen wie Cosmeen.

Das Lavendelbeet gibt Gelegenheit, einmal richtig ausgiebig in Lavendel zu schwelgen und sich damit ein echtes Provence-Feeling in den heimischen Garten zu holen. Am schönsten sieht es aus, wenn man den Lavendel in fächerförmig verlaufenden Reihen anpflanzt.

Auf dem »blauen Beet« wachsen blaublühende Blumen wie Rittersporn, Männertreu, Vergissmeinnicht, Eisenhut, Günsel, Astern, Glockenblumen, Hyazinthen, Edeldisteln, Enziane, Leberblümchen, Lein, Ehrenpreis und Veilchen.

Für alle um diese Beete verlaufenden Querwege ist besonders wichtig, dass sie nicht wie gerade Strahlen nach außen führen, sondern einen leicht gekrümmten Verlauf nehmen sollten, damit die Dynamik des Entwurfes nicht verloren geht.

Das Thymianbeet schließlich bietet die Chance, möglichst viele verschiedene Thymiansorten wie Englischen, Französischen oder Spanischen Thymian, Zitronenthymian, Kümmelthymian usw. anzupflanzen. Um zu dem bodendeckerartigen Charakter des Thymians einen hübschen Kontrast zu bilden, sollte das Beet leicht hügelig und mit einigen Steinen belegt sein.

Am oberen Ende des »weißen Beetes« liegt das mit Sonnen- und Mondpflanzen bedeckte LunaSolaris-Beet, das wir ab Seite 164 bereits ausführlich beschrieben haben.

Das benachbarte Staudenbeet kann im ländlichen Bereich mit Bauerngartenstauden wie Margeriten, Rudbeckia, Rittersporn, Akelei oder Dahlien bepflanzt werden. Für den städtischen Bereich bieten sich Gräser in Kombination mit Buchskugeln an. Die Schnitthecke an der Grundstücksgrenze ist Sichtschutz und grüner Hintergrund für die Staudenpflanzung. So kommt die Farbenpracht erst richtig zur Geltung.

Von der nahen Holzdeck-Terrasse aus lässt sich schließlich ein herrlicher Blick über den harmonischen Spiralengarten genießen. An der äußeren Seite des Holzdecks, quasi den Übergang zum Garten bildend, thront die Kräuterspirale … Ich bin gespannt, welche Variante Sie nach der Lektüre dieses Buches für Ihre Spirale auswählen werden!

Der Spiralengarten

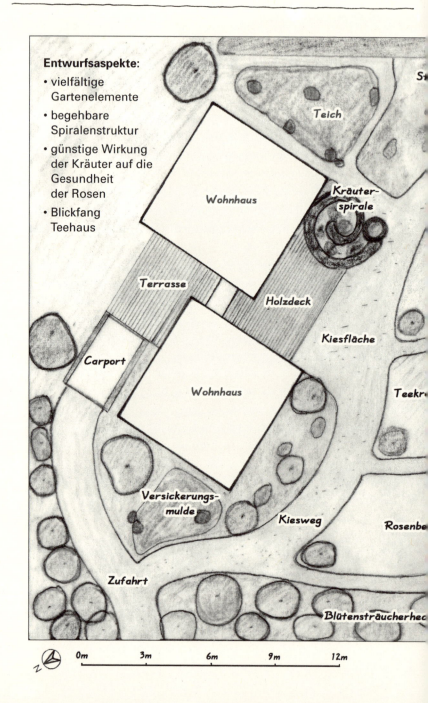

Der Spiralengarten

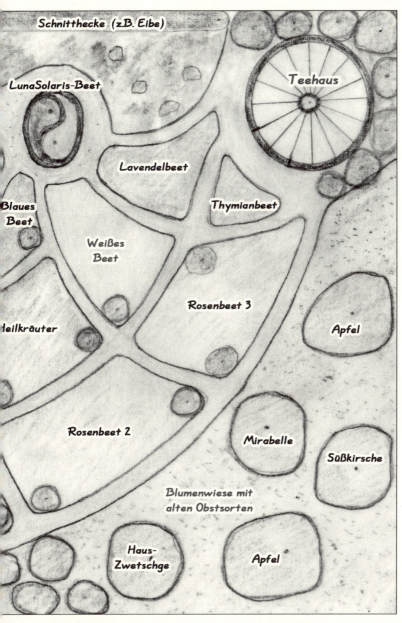

Spiralengarten mit Teehaus

Bewährte Rosenbegleitstauden

Deutsche Pflanzennamen	Botanische Bezeichnung	Anzahl
Blauer Eisenhut	Aconitum napellus L.	3
Rosenzwerglauch	Allium oreophilum C. A. Mey	20
Kugellauch	Allium sphaerocephalon L.	30
Katzenpfötchen	Antennaria dioica (L.) Gaertn.	5
Kissenaster	Aster Dumosus-Hybride ‚Prof. Anton Kippenberg'	5
Kaukasusvergissmeinnicht	Brunnera macrophylla (Adams) Johnst.	5
Zwergglockenblume	Campanula cochleariifolia Lam.	5
Knäuelglockenblume	Campanula glomerata L.	3
Elfenkrokus	Crocus tommasianus	100
Rittersporn	Delphinium Belladonna-Hybride ‚Völkerfrieden'	3
Goldwolfsmilch	Euphorbia polychroma Kerner	5
Dichternarzisse	Narcissus poeticus L.	50
Echte Katzenminze	Nepeta cataria L.	5
Purpurfetthenne	Sedum telephium ‚Atropurpureum'	5
Schwarze Königskerze	Verbascum nigrum L.	3
Langblättriger Ehrenpreis	Veronica longifolia L.	5
Duftveilchen	Viola odorata L.	10

Die Autorin

Irmela Erckenbrecht, Jahrgang 1958, lebt in Nörten-Hardenberg bei Göttingen.
Sie ist Autorin folgender Bücher:

- ▶ *Die Kräuterspirale. Bauanleitung, Kräuterportraits, Rezepte*
- ▶ *Wie baue ich eine Kräuterspirale?*
- ▶ *Querbeet – Vegetarisch kochen rund ums Gartenjahr*
- ▶ *Zucchini – Ein Erste-Hilfe-Handbuch für die Ernteschwemme*
- ▶ *Erbsenalarm!*
- ▶ *Vegetarisch und gesund durch die Schwangerschaft*
- ▶ *Das vegetarische Baby – Schwangerschaft, Stillzeit, Erstes Lebensjahr*
- ▶ *So schmeckt's Kindern vegetarisch*
- ▶ *Das Wechseljahrekochbuch*
- ▶ *Rosmarin und Pimpinelle, Das Kochbuch zur Kräuterspirale*

Zudem übersetzt Irmela Erckenbrecht Sach- und Kinderbücher sowie literarische Werke aus England, Irland und Nordamerika (www.erckenbrecht.de).

Der Gartenplaner

Rainer Lutter, geb. 1946 in Siegen, lebt in Hardegsen bei Göttingen. Nach seinem Studium der Kommunikationswissenschaft und einer Zusatzausbildung zur Fachkraft für Umwelt- und Naturschutz betreibt er seit 1994 das Gartengestaltungsbüro »Wild-Wuchs«. Er ist Sachverständiger des Naturgarten e.V., Mitglied der Bundesarbeitsgemeinschaft selbstverwalteter Gartenbaubetriebe (www.baseg.org) und engagiert sich in der lokalen Agenda-Gruppe seiner Heimatgemeinde Hardegsen (www.umweltbeirat-hardegsen.de).

Kontakt:
Gartenplanungsbüro Wild-Wuchs
Dipl.-Ing. Rainer Lutter
Schönenbergweg 6
37181 Hardegsen
E-Mail: wild-wuchs@t-online.de
Internet: www.wild-wuchs.net

Weitere Adressen von Gartenplanern bekommen Sie bei:
Naturgarten e.V.
Verein für naturnahe Garten- und Landschaftsgestaltung
Kernstr. 64
74076 Heilbronn
E-Mail: geschaeftsstelle@naturgarten.org
Internet: www.naturgarten.org

Pflanzenindex

Akelei   45
Aloe   125, 127, 137f.
Ananassalbei   63, 107, 108, 167, 170, 175
Anisagastache   63, 107
Anisysop   46, 63
Arnika   30, 32, 33, 34, 45

Bachbunge   45
Baldrian   42, 46, 93, 97, 99, 103
Bartnelke   82, 84, 88f., 92
Basilikum   26, 48
Beifuß   30, 33, 39, 44, 168, 170, 171
Beinwell   45
Bergaster   82, 87, 92
Bergbohnenkraut   19, 21, 25, 27, 49, 51, 55, 153, 155, 159
Bergflockenblume   77
Berggamander   45
Blaue Edeldistel   78
Blauer Eisenhut   188
Blutwurz   30, 33, 35
Borretsch   49, 51, 57, 65, 66, 67, 68, 73f.
Brunnenkresse   49, 51, 60, 62, 92
Buschoregano   26

Chinesische Bleiwurz   77
Christrose   77, 111, 113, 114f.
Colapflanze   107

Dichternarzisse   77, 97, 99, 103, 188
Dill   48, 49, 51, 57f., 125, 127, 131f., 153, 155, 160
Diptam   97, 99f.
Dost   92
Duftende Eberraute   168, 170, 172
Duftveilchen   78, 188

Eberraute   168, 170, 173f.
Echte Goldrute   44
Echte Katzenminze   93, 188
Elfenkrokus   188
Engelwurz   44, 46
Estragon   27, 48, 49, 51, 55f., 168, 170, 173

Färberkamille   46
Feenmoos   122
Feige   125, 127, 135f.
Feldstiefmütterchen   66, 67, 68, 71f.
Fenchel   30, 33, 39f., 67, 68, 73
Fieberklee   30, 33, 41f., 43
Flachblättrige Mannstreu   78
Flechtbinse   125, 127, 138

Pflanzenindex

Flügeltabak 97, 99, 102
Französischer Majoran 27
Frauenmantel 30, 32, 33, 40, 44, 111, 113, 119f., 168, 169, 170, 174
Fruchtsalbei 108

Gänseblümchen 67, 68, 70f., 180
Gänsefingerkraut 44
Gänsekresse 77
Gartensauerampfer 78
Gelbe Wiesenraute 97, 99, 105
Gemswurz 46
Gewöhnlicher Thymian 82, 84, 87, 92
Glattblattaster 78
Goldlack 97, 99, 100
Goldwolfsmilch 188
Granatapfel 125, 127, 136f.
Griechischer Bergtee 19, 21, 24, 27, 63, 153, 155, 159f.
Griechischer Oregano 27
Grüne Minze 92, 161
Gummibärchenpflanze 107
Gundermann 30, 33, 41, 44

Hartweizen 125, 127, 130
Heidenelke 82, 84, 85f.
Herbstaster 77, 82, 84, 87, 92
Honigmelonensalbei 167, 170, 175

Johanniskraut 29, 30, 33, 36f., 45, 46, 63, 153, 155, 159, 167, 169, 170, 176

Kalkaster 82, 87, 92
Kapuzinerkresse 67, 68, 75
Kärntnerminze 111, 113, 119
Katzengamander 93
Katzenminze 93
Katzenpfötchen 188
Kaugummispearmint 107
Kaukasusvergissmeinnicht 78, 188
Kissenaster 188
Klatschmohn 46
Klebriger Salbei 167, 170
Knäuelglockenblume 188
Knoblauch 125, 127, 128f.
Knolliger Lauch 77
Koriander 125, 127, 130f.
Krainer Thymian 108
Kretamajoran 27
Kretamelisse 63, 153, 155, 162
Kreuzkraut 78
Kriechender Rosmarin 26
Küchenschelle 44
Kugellauch 188

Lakritztagetes 107
Langblättriger Ehrenpreis 188
Lavendel 19, 21, 22f., 46, 82, 84, 87f., 92, 96, 97, 99, 101
Lavendelblättriger Salbei 167, 170, 175
Lemonysop 107

Pflanzenindex

Liebstöckel 49, 51, 58
Ligurischer Duftthymian 26
Lungenkraut 111, 113, 117

Mädesüß 97, 99, 106
Madonnenlilie 125, 127, 133f.
Majoran 49, 51, 56f.
Mariendistel 45, 125, 127, 129f.
Marokkanische Minze
    49, 51, 59f.
Märzenbecher 77
Mehrjährige Rucola 26
Melisse 44, 46
Minzpelargonie 111, 113, 120
Muskatellersalbei 96, 97,
    99, 104, 167, 170, 176

Nachtkerze 82, 84, 89f.
Nachtviole 97, 99, 102f.
Neubelgische Aster
    82, 84, 87, 92
Neuenglandaster 82, 84, 87, 92

Ölbaum 125, 127, 135
Orangefarbene Taglilie 78

Peruanischer Salbei 108
Petersilie 48, 49, 51, 52,
    58f., 153, 155, 161
Pfirsichblättrige
    Glockenblume 78
Provencelavendel 27
Purpurfetthenne 82, 84, 86, 188
Purpursalbei 167, 170

Quendel 45

Ringelblume 30, 33, 37, 44, 46,
    67, 68, 69, 74f., 167, 170
Rittersporn 78, 188
Römische Kamille
    111, 113, 114
Römischer Wermut
    168, 170, 172
Rosenzwerglauch 188
Rosmarin 19, 21, 22, 27, 44,
    46, 49, 51, 52f., 92, 96, 153,
    155, 157
Rote Raublattaster 78
Rote Schafgarbe 78

Salbei 19, 21, 23, 27, 49, 51, 53,
    63, 67, 68, 70, 153, 155, 157f.,
    167, 170, 175
Schafgarbe 28f., 30, 32, 33,
    34f., 44, 77
Scharlachrote Nelkenwurz 78
Schlüsselblume 30, 32, 33, 37f.
Schnittlauch 48, 49, 51, 54f., 67,
    68, 69f., 153, 155, 158
Schokoladenpflanze 107
Schöllkraut 111, 113, 118f.
Schwarze Königskerze 188
Schwarzkümmel 125, 127, 132f.
Silberkerze 77
Skabiosenflockenblume
    82, 84, 88
Spearmint 63, 92, 153, 155, 161
Spitzwegerich 30, 32, 33, 40f.
Spornblume 78

Pflanzenindex

Staudenlein 78
Staudenphlox 97, 99, 104
Steppensalbei 77
Stevia 107
Sumpfbaldrian 30, 33, 42, 150
Sumpfdotterblume 44, 82, 84, 90f., 92, 150
Sumpfvergissmeinnicht 111, 113, 120f.
Syrischer Ysop 125, 127, 128

Taglilie 65, 67, 68, 72
Tausendgüldenkraut 30, 33, 38f., 45
Thymian 19, 21, 24f., 49, 51, 53f., 92, 153, 155, 158, 185
Traubensilberkerze 44
Türkenbundlilie 111, 113, 116

Vanilleblume 97, 99, 100f.

Waldmeister 111, 113, 115f.
Wegwarte 45
Weinraute 45
Weinrebe 125, 127, 134
Weiße Katzenminze 93
Weiße pfirsichblättrige Glockenblume 77
Weißer Salbei 167, 170
Weißer Sandthymian 77
Weißer Sonnenhut 77
Wermut 168, 170, 171f.
Wiesensalbei 167, 170, 175
Wilde Möhre 82, 84, 90
Wilder Majoran 67, 68, 72f., 82, 84, 86
Wohlriechende Zwergseerose 97, 99, 106f.
Wurmfarn 111, 113, 117f.

Ysop 19, 21, 23f., 27, 45

Zitronenagastache 107
Zitronenbergbohnenkraut 25, 26, 108
Zitronenkatzenminze 63
Zitronenmelisse 44, 46
Zitronenminze 108
Zitronenpelargonie 108
Zitronenthymian 27, 49, 51, 53f., 63, 107, 185
Zitronenverbene 27, 63, 108, 153, 155, 160
Zwergglockenblume 188
Zwergmandelbäumchen 125, 127, 128
Zwergschmetterlingsstrauch 82, 84, 85
Zwergsilberraute 168, 170, 174
Zwergzypergras 93
Zwiebelschwertlilie 78

Adressen

Besichtigung begehbarer Kräuterspiralen

Museumshof Lensahn – Landwirtschaftsmuseum Prienfeldhof Lensahn e. V.
Prienfeldhof
23738 Lensahn
www.museumshof-lensahn.de

**FlorAtrium
Landesverband der Gartenfreunde Bremen e. V.**
Johann-Friedrich-Walter-Straße 2
28357 Bremen
www.gartenfreunde-bremen.de

**»Weltgrößte Kräuterspirale«
Christian und Tobias Schediwetz**
Josef-Falkner-Straße 2
6410 Telfs
Österreich
www.kraeuterspirale.com

**Stift St. Georgen am Längsee
Bildungshaus-Hotel-Projektwerkstatt**
Schlossallee 6
9313 St. Georgen/Längsee
Österreich
www.bildungshaus.at

Bezugsquellen

Bibelgarten im Karton
Gartengruppe »Flowerpower«
Ottendorfer Weg 22
24107 Ottendorf
www.bibelgarten-im-karton.de

Spezialgärtnerei für Freilandfarne
Dirk Wiederstein
Hauptstraße 9
56237 Sessenbach
www.farn-gaertnerei.de

Bausatz Naturschutzspirale und Nisthilfen
Schwegler Vogel- und Naturschutzprodukte
Heinkelstraße 35
73614 Schorndorf
www.schwegler-natur.de

Bausatz Keramik-Spirale
**Keramikmeisterin und Keramikgestalterin
Anke Utecht**
Klötzlmüllerstraße 16a
84034 Landshut
E-Mail: utecht2anke@yahoo.de

Adressen

Versand von Kräuterpflanzen und Saatgut

herb's
Gärtnerei & Pflanzenversand
Stedinger Weg 16
27801 Dötlingen
www.herb-s.de

Bioland Hof Jeebel
Biogartenversand
Dorfstraße 17
29416 Riebau/Jeebel
www.biogartenversand.de

Lichtenborner Kräuter
Twetgenweg 10
37181 Hardegsen-Lichtenborn
www.lichtenborner-kraeuter.de

Dreschflegel
Postfach 1213
37202 Witzenhausen
www.dreschflegel-saatgut.de

Manufactum
Hiberniastraße 5
45731 Waltrop
www.manufactum.de

Natur pur
Gärtnerei Strickler
Lochgasse 1
55232 Alzey-Heimersheim
www.gaertnerei-strickler.de

Bio-Saatgut
Ulla Grall
Eulengasse 3
55288 Armsheim
www.bio-saatgut.de

Bingenheimer Saatgut
Kronstraße 24
61209 Echzell-Bingenheim
www.oekoseeds.de

Blauetikett Bornträger
Postfach 4
67591 Offstein
www.blauetikett.de

Rieger-Hofmann GmbH
In den Wildblumen 7
74572 Blaufelden-Raboldshausen
www.rieger-hofmann.de

Syringa
Duftpflanzen und Kräuter
Bachstraße 7
78247 Hilzingen-Binningen
www.syringa-samen.de

Biogarten Keller
Konradstraße 17
79100 Freiburg
www.biokeller.de

Adressen

**Waschbär –
Der Umweltversand**
Wöhlerstraße 4
79108 Freiburg
www.waschbaer.de

**Hof Berg-Garten
Großherrischwand**
Lindenweg 17
79737 Herrischried
www.hof-berggarten.de

Die Blumenschule
Augsburger Straße 62
86956 Schongau
www.blumenschule.de

**Artemisia
Heil- und Duftpflanzen,
Kräuter und Stauden**
Hopfen 29
88167 Stiefenhofen im Allgäu
www.artemisia.de

grüner Tiger
Pfarräckerstraße 13
90522 Oberasbach
www.gruenertiger.de

Reinsaat Emmelmann
3572 St. Leonhard
Am Hornerwald 69
Österreich
www.reinsaat.co.at

Gartenbau Wagner
Gutendorf 36
8353 Kapfenstein
Österreich
www.gartenbauwagner.at

C. & R. Zollinger
Biologische Samengärtnerei
1897 Les Evouettes
Schweiz
www.zollinger-samen.ch

Biosem
Le Burkli 39
2019 Chambrelien
Schweiz
www.biosem.ch

Sativa Rheinau
Klosterplatz
8462 Rheinau
Schweiz
www.sativa-rheinau.ch

**Neubauer
Biogärtnerei & Naturgärten**
Lenzenhausstraße 9
8586 Erlen
Schweiz
www.neubauer.ch

Lebensraum Garten

Irmela Erckenbrecht:
Wie baue ich eine Kräuterspirale?
ISBN: 978-3-89566-220-1

Irmela Erckenbrecht:
Die Kräuterspirale
ISBN: 978-3-89566-190-7

Dettmer Grünefeld:
Das Mulchbuch
ISBN: 978-3-89566-218-8

Wolf Richard Günzel:
Das Insektenhotel
ISBN: 978-3-89566-234-8

Gesamtverzeichnis bei:
pala-verlag, Rheinstraße 35, 64283 Darmstadt, www.pala-verlag.de

© 2008: pala-verlag,
Rheinstr. 35, 64283 Darmstadt
2. Auflage 2009
www.pala-verlag.de
ISBN: 978-3-89566-240-9
Lektorat: Barbara Reis
Gartenpläne: Rainer Lutter
Umschlag- und Innenillustrationen: Margret Schneevoigt
Satz: Verlag Die Werkstatt, Göttingen
Druck und Bindung: freiburger graphische betriebe
www.fgb.de
Printed in Germany

Dieses Buch ist auf Recyclingpapier aus
100 % Altpapieranteilen gedruckt.